青海，凝固的浪托起云端之上的蔚蓝

——这里是离天最近的自然博物馆

青海，融化的盐沉入大地深处的肌理

——这里是万物共生的文明基因库

什么是青海

SHENMESHI QINGHAI

中共青海省委宣传部
青海省文化和旅游厅　主编
青海出版传媒集团

青海出版传媒集团
青海人民出版社

编委会

总 策 划　王大南

执行策划　徐信阁　董富海　王永昌

编　　委　孙绣宗　常红安　樊原成

王绍玉　梁春江　刘志鹤

刘雪青　曹永虎　戴发旺

许明远

撰　　文　马海铁　刘大伟　张　旻

青海省行政区划图

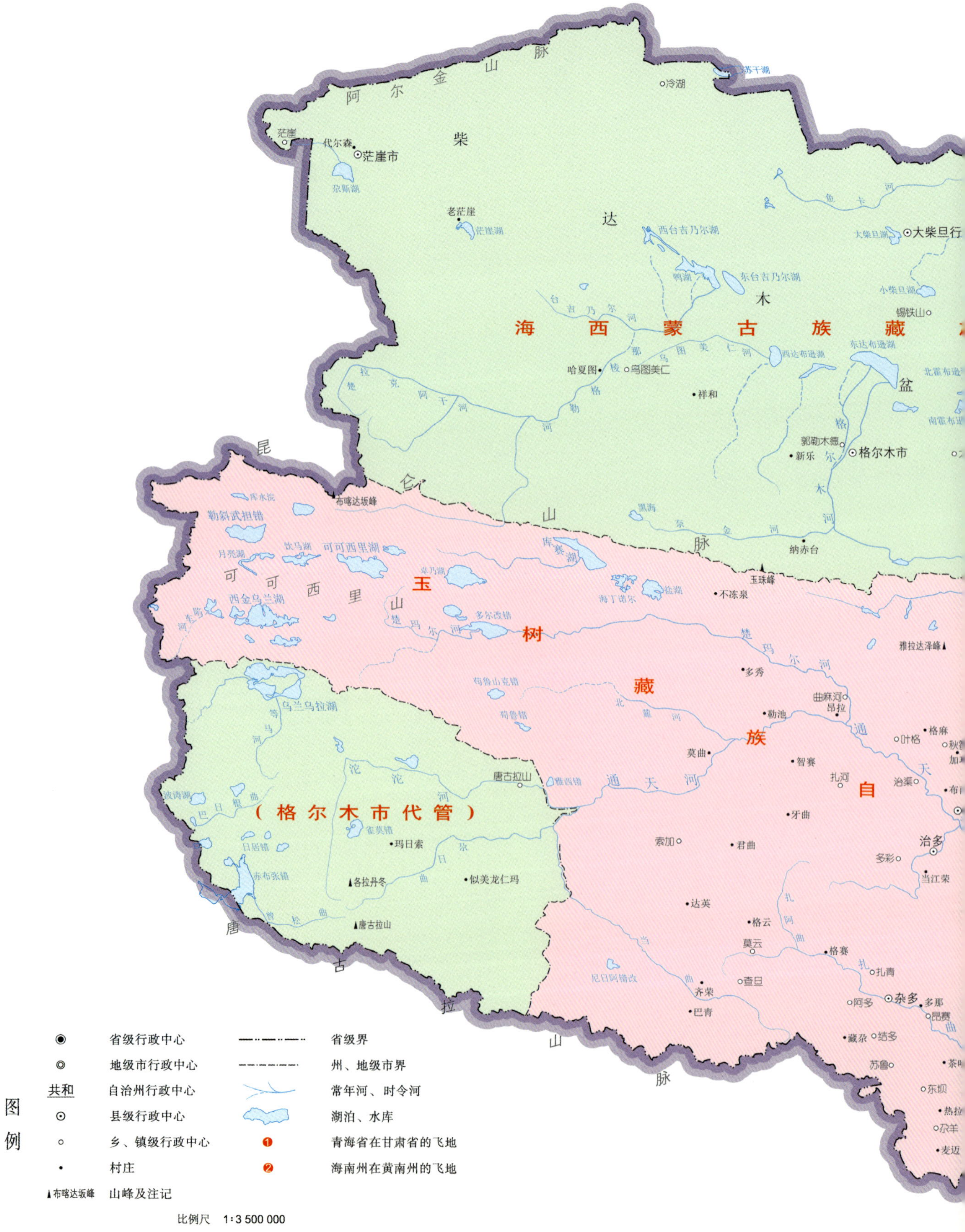

阿尔金山脉
苏干湖
冷湖
茫崖
代尔森
茫崖市
尕斯湖
柴达木盆
老茫崖
茫崖湖
西台吉乃尔湖
东台吉乃尔湖
鸭湖
大柴旦湖
大柴旦行
小柴旦湖
锡铁山
鱼卡河
台吉乃尔河
那棱格勒河
乌图美仁河
海西蒙古族藏
哈夏图
乌图美仁
祥和
西达布逊湖
东达布逊湖
北霍布逊
南霍布逊
楚拉克阿干河
郭勒木德
新乐
格尔木市
格尔木河
昆仑山脉
布喀达坂峰
库水浣
勒斜武担错
月亮湖
饮马湖
可可西里湖
卓乃湖
可可西里山
西金乌兰湖
库赛湖
黑海
奈金河
纳赤台
海丁诺尔
盐湖
不冻泉
玉珠峰
多尔改错
楚玛尔河
玉树藏族自
雅拉达泽峰
多秀
乌兰乌拉湖
等马河
苟鲁山克错
苟鲁错
北麓河
勒池
曲麻河
昂拉
叶格
格麻
秋智
莫曲
智赛
通天河
扎河
治渠
沱沱河
唐古拉山
雅西错
（格尔木市代管）
岗齐曲
玛日索
雀莫错
牙曲
日居错
赤布张错
各拉丹冬
尔日曲
似美龙仁玛
索加
君曲
多彩
治多
当江荣
达英
格云
扎河曲
莫云
唐古拉山
曾松曲
格赛
扎青
尼日阿错改
当曲
齐荣
查旦
杂多
多那
阿多
昂赛
巴青
藏尕
结多
苏鲁
东坝
热拉
尕羊
麦迈
唐古拉山脉
图例
省级行政中心
地级市行政中心
共和 自治州行政中心
县级行政中心
乡、镇级行政中心
村庄
布喀达坂峰 山峰及注记
省级界
州、地级市界
常年河、时令河
湖泊、水库
❶ 青海省在甘肃省的飞地
❷ 海南州在黄南州的飞地
比例尺 1:3 500 000

海北藏族自治州
西宁市
海东市
海南藏族自治州
黄南藏族自治州
果洛藏族自治州
祁连山脉
疏勒河
黑河
大通河
青海湖
海心山
湟水
黄河
哈拉湖
茶卡盐湖
可鲁克湖
托素湖
阿拉克湖
冬格措纳湖
扎陵湖
鄂陵湖
龙羊峡水库
刘家峡水库
阿尼玛卿山
巴颜喀拉山
柴达木
德令哈市
怀头他拉
柯鲁柯
尕海
巴力沟
蓄集
生格
快尔玛乡
天峻
乌兰
柯柯
茶卡
巴音
卜浪沟
查查香卡
宗加
艾斯利金
农业
夏日哈
下西台
都兰
热水
巴隆
东山
香日德
香加
乌拉哈图
柯克哈达
智玉
沟里
秀毛
尕河
苏里
措岗
木里
佐陇
龙门
阳康
织合玛
舟群
江河
央隆
野牛沟
扎麻什
祁连
阿柔
峨堡
默勒
青石嘴
门源
仙米
泉吉
刚察
哈尔盖
吉尔孟
甘子河
青海湖
西海镇
海晏
金滩
石乃亥
黑马河
江西沟
宝库
多林
东峡
极乐
大通
湟源
波航
和平
甘河滩
总寨
湟中区
西宁市
海东市
(乐都区)
南门峡
加定
互助
平安区
瞿昙
甘家寨
民和
扎巴
昂思多
化隆
初麻
谢家滩
马营
尖扎
能科
尖扎滩
保安
循化
道帏
倒淌河
共和
切吉
沙珠玉
铁盖
拉西瓦
贵德
尕让
河西
沙沟
常牧
过马营
新街
河卡
兴海
唐乃亥
芒拉
塔秀
贵南
森多
龙藏
巴沟
同德
唐谷
中铁
温泉
秀麻
河北
曲库乎
同仁市
王加
和日
贡青
麦秀
多哇
尖德
宁秀
泽库
曲麻日
多禾茂
苏青
河南
宁木特
赛尔龙
多松
宁赛
柯生
日谢
花石峡
那勒
扎陵湖
玛多
下大武
多涌
黄河
阿映
加果
刊木青
雪山
阳柯河
东倾沟
洋玉
哈龙
玛沁
台西
拉德
热曲
优曲
优云
杂拉
塘格玛
青珍
江千
旦库
下藏科
当洛
夏曲
上贡麻
甘德
下贡麻
门堂
特合土
岗龙
恰不将
哇赛
建设
达日
东吾
窝赛
桑日麻
德昂
索平日麻
扎依
久治
沙科
前进
萨尔根
哇尔依
年保玉则峰
莫坝
布东
满掌
白玉
马可河
多贡麻
佐诺
达卡
班玛
江日堂
上红科
下红科
吉卡
日合洞
亚尔堂
知钦
灯塔
扎加
麻多
查德
文措
麻秀
清水河
扎朵
尕朵
科玛
赛河
称多
珍秦
安冲
隆宝
杂年
拉布
仲达
歇武
上赛巴
布罗
玉树市
上拉秀
巴塘
下拉秀
高强
当卡
那龙多
毛庄
小苏莽
囊谦
白扎
娘拉
门高

编者的话 BIAN ZHE DE HUA

三四千万年前，印度洋板块与欧亚板块猛烈碰撞，冈底斯山和喜马拉雅山快速抬升，山地和高原不断隆起，沧海蜕变为高大陆。青海湖，以凛冽和蔚蓝的气质证明着自己海洋的身世。青海省因之而得名。以青海湖为坐标，这片土地的美向着东南西北徐徐展开。

高原的新生和隆起使中国版图西高东低的地理格局得以建立，并形成三级阶梯地势，对亚洲季风系统、气候变化和生物多样性产生了深远影响，动植物的生存范围和习性随之改变，亚洲东部和南部出现了许多高山植物和特有物种。大量冰川广泛发育，为亚洲数条大河涵养水源。黄河、长江、澜沧江分别自高原腹地汇聚蓄势，奔流而出，青海由此成为“山宗水源”之地，亦有“中华水塔”的美称。

黄河从青海出发，一路劈山穿涧，奔腾不息，它挟带的巨量泥沙，在青藏高原的边缘地带形成了世界最大的黄土沉积区——黄土高原。黄河在时间的轴线上一路向东，在中原地带冲积出肥沃的平原，为文化的育养和中华民族的生生不息提供了辽阔的幅员和肥沃的土壤。站在三条巨流的出海口回望源头，这里正是华夏文明孕育的摇篮。昆仑神话、《格萨尔》史诗、精美彩陶和人类史前第一碗面条，无不昭示出大美青海独一无二的文化魅力。

当你打开这部画册，相当于打开了青海美的履历。

在高原稀薄的空气里，在那些夜不能寐的日子里，一支又一支镜头追随一个又一个寂静的清晨和孤独的黄昏，在春夏秋冬的嬗替中，走遍青海阔大的土地和壮丽的山河。西至昆仑之巅，东至湟水之滨，北至冰沟大坂，南至青南草原，我们发现了青海，甚至感觉到了美的萌动——不断积聚，不断成长，构成了青海的另一些日月——美的存在，使这些属于青海的时空变得惊心动魄。

当你打开这部画册，于是你也打开了美的证词。

美的高度往往与自然的海拔同时升高，那些圣殿般矗立的雪山，那些梦幻般漂泊的江河，那些童话一样徐徐展开的草原，那些坐落在天堂中的圣洁和庄严，那些令人惊艳而迷狂的飞翔，那些长久孕育而转瞬即逝的流动，那些生生不息而朴实无华的绽放，都生长、生活在这片人类最后的净土上。这是造化的法则，也是自然的恩赐，我们生在其中，深感幸运，然后用百倍的努力、千倍的跋涉证实：每一种美的存在、每一滴美的发现，都是那样艰辛和不易。在对美的寻狩和膜拜中，每一幅画面首先表达了对时光的感念和感慨——漫长岁月里，所有的人和事，所有的风和雨理所当然地表达了对这一历程中所有坚守、所有期待、所有年华、所有追求的怀想与敬意——这里的自然不再是自然，而是装载着我们心灵的魂器！所以，我们行走在心灵和自然双重的大美境界。

美一定是一种慢，一种守候，一种柔软，一种可以停靠精神车马的驿站。

当我们在时代的加速器上一路飞奔，越来越快，不能停下来，无力眷顾、无暇回忆时，我们就从这本画册出发，从雪山下路过，溯流而上，与草原再次相遇，等待我们的心灵再次被美震惊！让我们接着展开，展开这一册由青海的美规范其属性的大书，阅读它，如同阅读由美决定的胆识和心性，由美带来的优雅与单纯。阅读它，如同阅读“青海”这个概念与美之间的动态平衡。让我们在阅读中获得另一种现实，一种几乎不可能拥有的时间和空间，以及他们中间曾经活着的美。

谨以此书，献给所有梦想来到青海和已经来到青海的人们。

特别鸣谢为本书提供摄影作品的每一位摄影师！

可可西里太阳湖　摄影/布琼

山宗水源

SHAN ZONG SHUI YUAN

大地以最庄严的笔触，在青藏高原的不断隆升中书写着青海的波澜壮阔。当昆仑山脉如青铜铸就的脊梁刺破云层，6000 万年前印度板块与欧亚大陆的碰撞余波仍在雪线之上震颤。那些被风侵蚀的丹霞岩层，是大地袒露的年轮，每一道沟壑都凝固着古海退潮时咸涩的叹息。

三江源头的草尖正以坚韧的触须丈量时光，各拉丹东冰川垂挂冰棱的竖琴，在 -30℃的寂静里弹奏第四纪冰期的挽歌。约古宗列盆地深处，黄河源头的水滴正从冻土中缓缓渗出，像婴儿清澈眸子中流下的第一滴泪水，途中 5000 公里的史诗都藏进转经筒般旋转的漩涡。而扎西曲哇的泉眼在唐古拉山南麓苏醒，澜沧江携带着红土高原的体温，将翡翠色的波纹绣进横断山脉的裙摆。

这片土地被造物主不断整合又重新塑造，青盐结晶在柴达木的湖岸，黑颈鹤掠过黄河源的镜面，风蚀柱在魔鬼城投下苍老的影子。那些被地壳运动折断又重生的山脉，那些被冰川犁过又愈合的河谷，都在海拔 4000 米处完成对永恒的注解——青海从不回答自己从哪里来，它只是将星辰的碎片、古海的遗骨与季风的絮语，熔铸成横亘在时间之外的庄严王座。

青藏高原地质演变图

A 10000万—6500万年前，高原山脉雏形

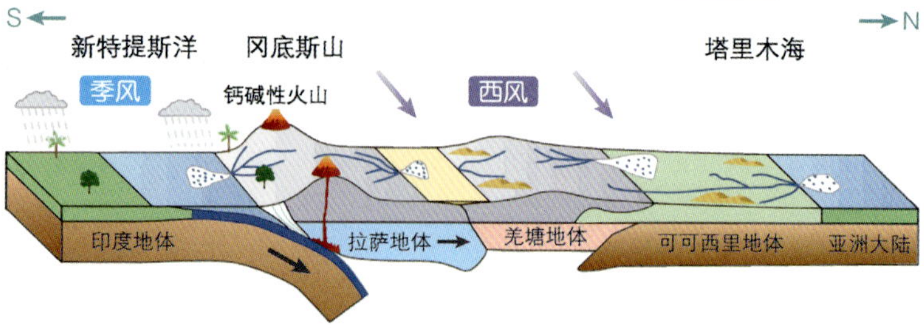

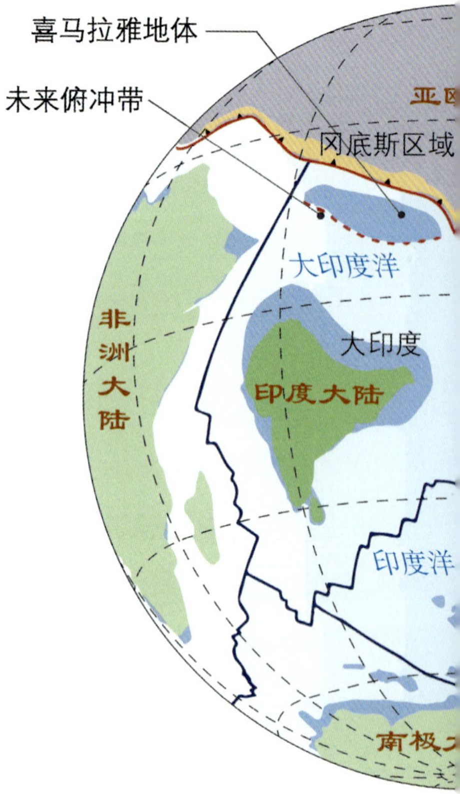

大印度盆地演变模型

——印度-亚洲板块合并史的假说

大陆碰撞－俯冲等深部圈层作用驱动的青藏高原隆升是新生代全球最重要的地质事件之一。高原隆升显著影响了地表圈层--大气圈、水圈冰冻圈、生物圈和人类圈的耦合作用过程，深刻影响了亚洲气候动力学、生物多样性、碳循环、现代水资源分布和大江大河的演化。大印度盆地及其海洋模型表明，喜马拉雅地体在白垩纪期间从印度大陆断裂，并在大印度盆地俯冲之间与亚洲大陆发生碰撞，这是板块演变众多假说之一。

F 2500万—1500万年前，现代高原形成

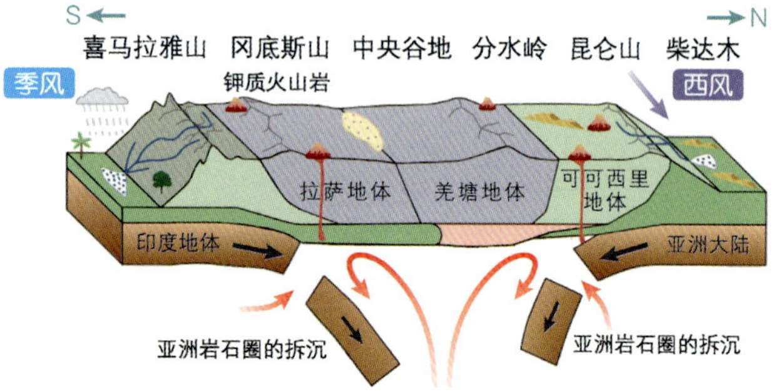

E 3000万—250

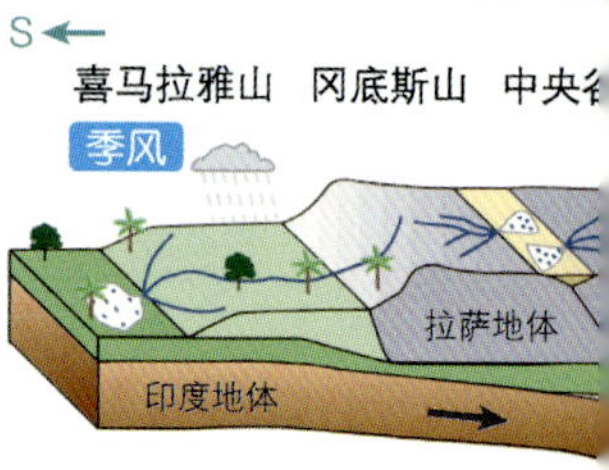

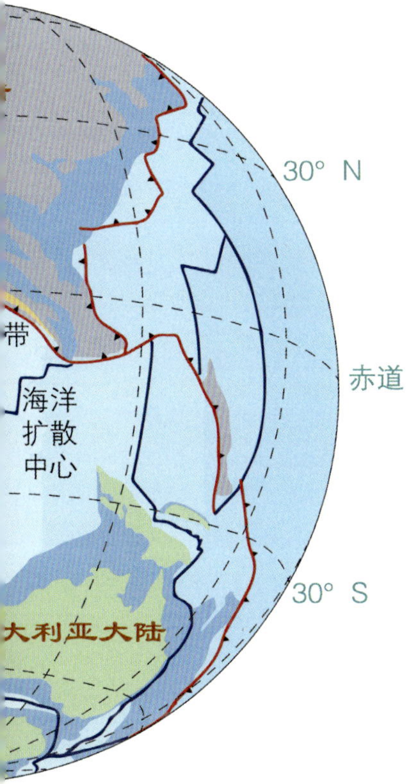

前，高原向外生长

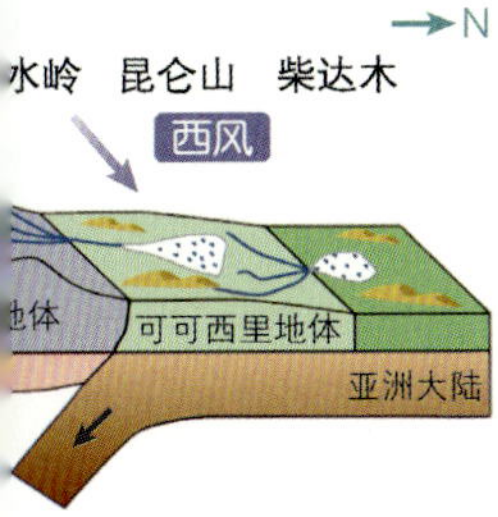

B 6500万—4500万年前，“两山夹一盆”地貌

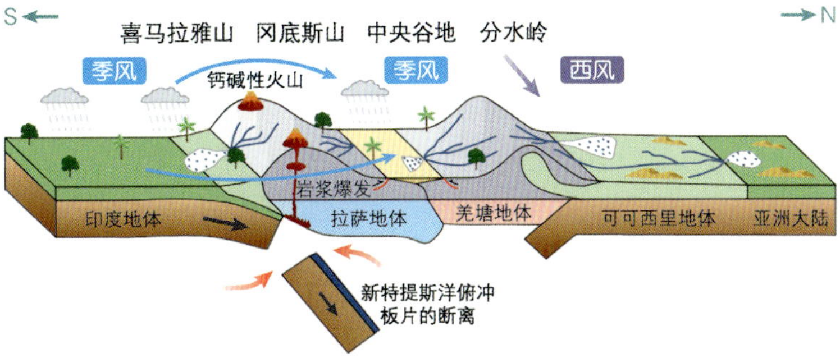

C 4500万—4000万年前，“两山夹一盆”地貌

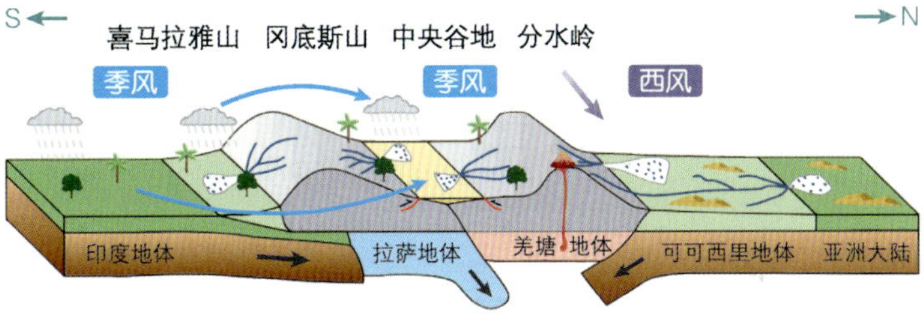

D 4000万—3000万年前，统一高原形成

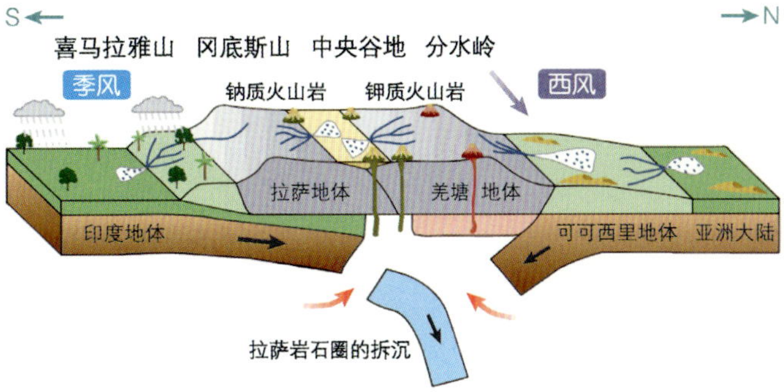

昆仑山

昆仑山是中国西部的重要山脉，横亘于青海、新疆、西藏交界，平均海拔 5500—6000 米，最高峰公格尔峰海拔 7649 米。作为青藏高原北缘的生态屏障，其冰川广布，是黄河、长江、澜沧江的重要水源补给区。昆仑山地质构造复杂，地层中保留着古生代至新生代的岩层，见证青藏高原隆升历史。山脉南北气候差异显著，南麓为高寒草甸，北麓为荒漠戈壁，形成独特的垂直自然带谱。文化上，昆仑山被尊为“万山之祖”，道教视其为“天柱”，藏传佛教称其为“须弥山”，承载着丰富的神话传说与宗教文化。

< 巴颜喀拉山　摄影/蔡征

< 黄河源头约古宗列　摄影/文德

澜沧江源头扎西曲哇　摄影/许明远　>

各拉丹东

各拉丹东位于青海省格尔木市唐古拉山乡与西藏那曲市安多县交界处，是唐古拉山脉最高峰，藏语意为“高高尖尖的山峰”，海拔 6621 米。作为长江正源沱沱河的发源地，其冰川系统维系长江水源的水资源安全。主峰周围分布着 40 余座海拔 6000 米以上的山峰，冰川覆盖面积达 790.4 平方公里，拥有 130 条现代冰川，其中姜根迪如冰川（南支）长 12.8 公里，尾部形成的 5 公里冰塔林被誉为“江源瑰宝”，晶莹剔透的冰笋、冰桥、冰洞构成奇幻的“冰晶园林”。

该地区气候极端，年均温 -8℃~9℃，海拔 5000 米以上区域年降水量超 600 毫米，强降雪与冰雹频繁，夜间气温常低于 -30℃。独特的地理环境孕育了藏羚羊、雪豹等 20 余种珍稀动物，以及野牦牛、藏野驴等特有物种，高山草甸与冰川共存形成鲜明的生态景观。

作为世界级科考与探险胜地，各拉丹东冰塔林的冰川运动记录着青藏高原气候变化史，其冰芯样本为研究全球变暖提供重要数据支撑。2017 年设立的保护站与实施的草畜平衡政策，使周边退化草甸恢复 18.7 平方公里，成为高原生态保护的典范。

< 各拉丹东冰川　摄影/曹生渊

目录　　　MULU

各拉丹东冰川　摄影/李松哲

1 一江清流

青海是地球写给生命的一封情书，落款处盖着三江源的冰蓝印章。当昆仑群峰以阿尼玛卿的雪冠承接月光，巴颜喀拉山正将黄河与长江的缎带绕成中华水塔的结绳记事。祁连山把冰川融水注入黑河的血管，岗什卡雪线之下，高原裸鲤在青海湖的蔚蓝里游弋出四亿年的进化密码。

沱沱河的晨雾中，藏羚羊剪影正掠过楚玛尔河的云层，隆宝滩黑颈鹤的振翅声惊醒了查旦湿地的寂静。孟达天池将云杉林倒映成翡翠屏风，坎布拉的丹霞在黄河水面拓印出十万亩赤色经卷。当季风掠过门源油菜花海，金色波浪便漫过青稞梯田，与祁连草原的银露梅共同编织高原的锦缎。

国家公园的界碑是缝合大地生态的针脚。布哈河携着普氏原羚的蹄音奔向鸟岛，冬格措纳湖的盐粒深藏着古特提斯海的记忆，玛可河谷的紫果云杉年轮里，保留着高原鼠兔与雪豹的生死契约。科考队员在八一冰川钻取冰芯时，唐古拉的风正将 2000 万年前的空气分子，吹进现代实验室的色谱仪。

这片土地将沙与湖、林与草谱成交响。阿拉克湖的湛蓝浸染沙漠的起伏曲线，青南花海在鼠曲草与绿绒蒿的交替中更迭画面。青海把生态密码镌刻在每粒风化的岩盐、每滴融雪的轨迹、每声斑头雁的鸣叫里——当晨光漫过玉虚峰巅，整个青藏高原都成了托起生态文明的绿松石圣殿。

沱沱河　摄影/柯岩斌

青海省山系图

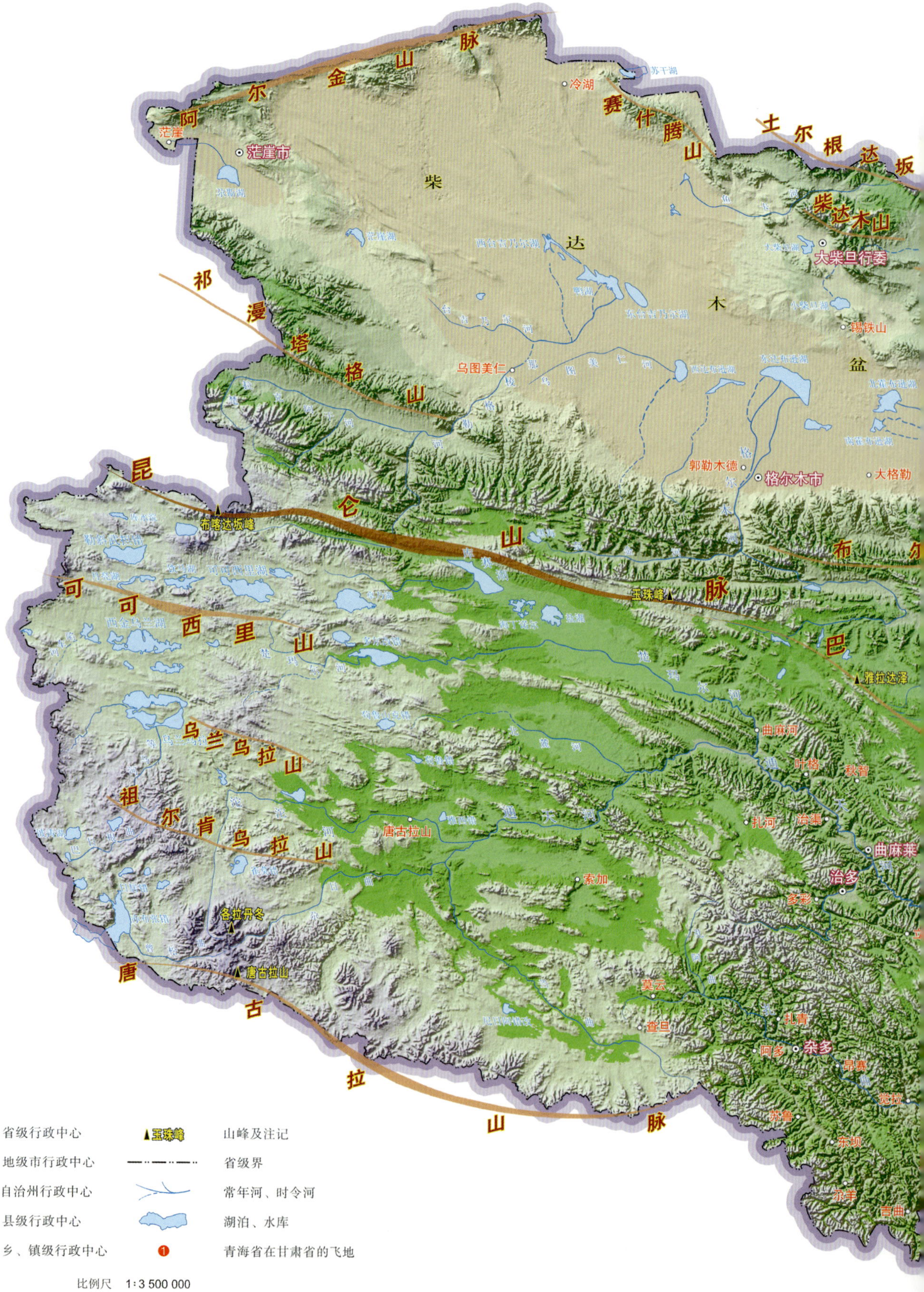

图例

◉	省级行政中心	▲玉珠峰	山峰及注记
◎	地级市行政中心	—·—·—	省级界
共和	自治州行政中心		常年河、时令河
⊙	县级行政中心		湖泊、水库
○	乡、镇级行政中心	❶	青海省在甘肃省的飞地

比例尺 1:3 500 000

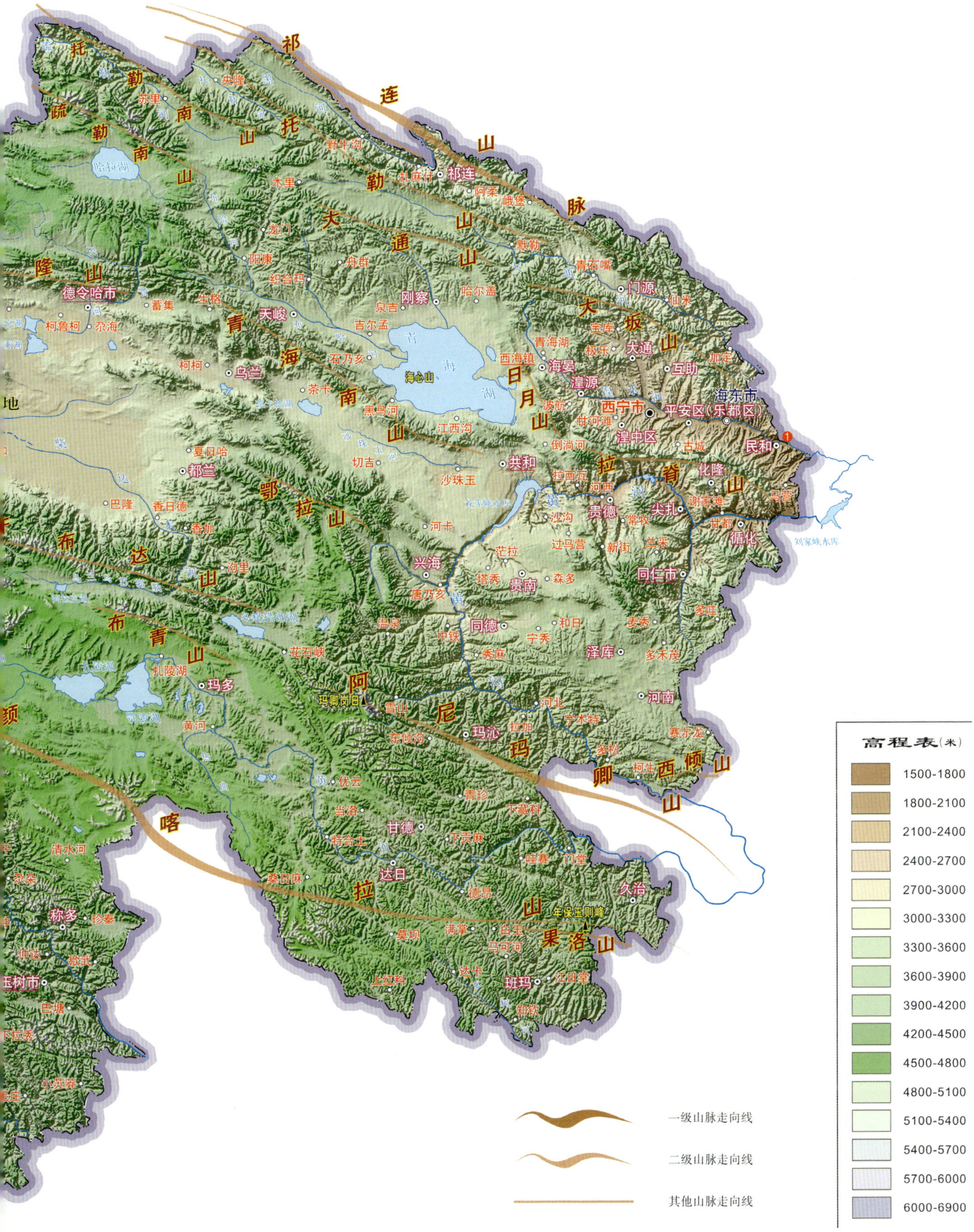

祁连山脉
托勒南山
疏勒南山
托勒山
大通山
大坂山
日月山
拉脊山
青海南山
鄂拉山
布尔汗布达山
布青山
阿尼玛卿山
西倾山
喀拉山
果洛山
哈拉湖
青海湖
海心山
央隆
苏里
野牛沟
木里
扎麻什
祁连
阿柔
峨堡
默勒
龙门
阳康
舟群
织合玛
刚察
哈尔盖
泉吉
吉尔孟
青石嘴
门源
仙米
德令哈市
蓄集
生格
天峻
柯鲁柯
尕海
石乃亥
宝库
极乐
大通
青海湖
西海镇
海晏
互助
加定
柯柯
乌兰
茶卡
黑马河
湟源
波航
西宁市
海东市
平安区(乐都区)
甘河滩
湟中区
古城
民和
江西沟
倒淌河
夏日哈
都兰
切吉
沙珠玉
共和
拉西瓦
河西
化隆
谢家滩
马营
巴隆
香日德
香加
河卡
沙沟
贵德
常牧
尖扎
甘都
循化
过马营
新街
兰采
刘家峡水库
茫拉
兴海
塔秀
贵南
森多
同仁市
沟里
唐乃亥
多哇
温泉
同德
和日
麦秀
中铁
宁秀
泽库
花石峡
秀麻
多禾茂
扎陵湖
玛多
鄂陵湖
玛卿岗日
雪山
河南
河北
宁木特
黄河
东倾沟
玛沁
拉加
赛尔龙
多松
柯生
优云
青珍
当洛
下藏科
甘德
特合土
下贡麻
清水河
庄寨
门堂
尕朵
秦日麻
达日
德昂
久治
称多
珍秦
年保玉则峰
莫坝
满掌
白玉
马可河
歇武
仲达
上红科
达卡
班玛
江日堂
玉树市
巴塘
知钦
下拉秀
小苏莽
高程表(米)
1500-1800
1800-2100
2100-2400
2400-2700
2700-3000
3000-3300
3300-3600
3600-3900
3900-4200
4200-4500
4500-4800
4800-5100
5100-5400
5400-5700
5700-6000
6000-6900
一级山脉走向线
二级山脉走向线
其他山脉走向线

昆仑山玉虚峰　摄影/许明远

大地脊梁

青海山系以昆仑山、祁连山、唐古拉山为骨架，撑起了青藏高原的磅礴气象。这里不仅是地理的制高点，更是自然史诗的书写者。昆仑山脉横贯青海中部，其主峰巍然矗立，成为青藏高原最醒目的地理坐标。祁连山如巨龙般向东南延伸，冰雪覆盖的峰峦间孕育了数以千计的冰川；唐古拉山则以冷峻的姿态镇守南部，冰川融水在此汇成江河之源，成为三江源水系的生命摇篮，滋养着万里之外的广袤土地。

群山之间，阿尔金山脉与祁连山遥相呼应，划出柴达木与塔里木盆地的天然界线。青海境内，超过半数的高峰海拔突破 5000 米，冰雪与岩石融合的秘境中，冰川面积广阔，年复一年的消融形成星罗棋布的湖泊与湿地，宛如高原的“水塔”。地质运动的脉搏在此跳动不息——青藏高原持续缓慢抬升，昆仑山与祁连山区的断裂带仍留有地壳活动的痕迹，诉说着亿万年的沧桑变迁。

夏天死去的盐复活
代表神祇的心情再次降临
它说：天堂平安
因而倍加惦记人间

惦记女儿白凤凰
和它们缓缓落下的羽毛
惦记只有水中才能保存的册卷
和诗句里一去不返的好汉

莽莽昆仑　摄影/蔡征

玉虚峰　摄影/王国臣

久治年保玉则　摄影/肉贡

雌鸟为证　这世上合适不过的伴侣
神色里洋溢着细腻的关照
而它甜蜜的呢喃　仿佛才从晨露里取出
散发着芬芳　并一点一滴　融化着石头

因此　石头愿意接纳我
接纳我的猝然降落
接纳我凌乱的羽毛　柔软的蹼掌
以及宽阔的翅膀在白垩纪画出的曲线

祁连牛心山　摄影/张景元

祁连山

祁连山位于青海省东北部，呈西北—东南走向，平均海拔4000—6000米，是青藏高原与河西走廊的分界线。其冰川面积达2000平方公里，年融水量约100亿立方米，滋养黑河、疏勒河等内陆河，形成河西绿洲。祁连山垂直气候带明显，从高山冰雪带到温带草原，孕育雪豹、白唇鹿、岩羊等珍稀物种。祁连山国家公园试点区覆盖5.02万平方公里，通过退牧还草、湿地修复等措施，草地植被覆盖度提升至70%以上，成为青藏高原东北部生态安全的关键屏障。

祁连山　摄影/邹小庆

祁连山团结峰 摄影/孙春生

岗什卡雪峰　摄影/许明远

祁连山云海　摄影/李松哲

岗什卡雪峰

岗什卡雪峰位于门源回族自治县，海拔 5254.5 米，是祁连山东段最高峰。山顶终年积雪，冰川面积约 80 平方公里，七彩冰瀑因矿物质沉积呈现斑斓色彩。山体由火山岩构成，垂直植被带清晰，从高山草甸到高山荒漠过渡。作为华热藏族神山，每年农历八月举行祭山仪式，放飞象征百鸟之王的风筝。岗什卡雪峰现为国家级登山基地，吸引大量科考与登山活动，周边建立自然保护区，保护岩羊、马鹿等物种栖息地。

是第一场雪。我握住一片雪花
佛握住了你，握住了你温润的目光
祁连山中，我只能这样想象

不知道，是否还有第二场雪
也不知道，我们能否再次相遇
冬天，在纯洁的冰雪世界里

为这雪，来得浩大，去得迅速
佛你哀伤的褐色的双眸
我的注视中悄然滑落

唐古拉山　摄影/杨少英

唐古拉山

唐古拉山地处青海与西藏交界处，主峰各拉丹东海拔6621米，是长江正源沱沱河的发源地。山脉冰川总面积约800平方公里，姜根迪如冰川为长江源头最大冰川，年均融水补给长江达数十亿立方米。唐古拉山高寒生态系统完整，藏羚羊、野牦牛等物种在此繁衍生息。三江源国家公园唐北区域涵盖唐古拉山北麓，通过生态移民、黑土滩治理，退化草地恢复面积超1000平方公里，水源涵养功能显著增强，成为高原生物多样性保护的核心区。

昆仑山　摄影/何启金

假如在白昼
我将在这伟大的降落中看见
火一般燃烧的眼睛
水一般吟诵的唇吻
以及跳跃的名词和动词
还有那千千万万的男孩和女孩
拍着手欢笑
而在昆仑绵延的怀抱里
安坐着姐妹一样的青海西藏
姐姐西藏　面容安详
妹妹青海
呈现美中之美
在这样一个瞬间
我愿意和雪一起张开翅膀
向无边的大野滑翔
——清晰的地平线
正沿着候鸟归来的方向上升
古树已经苏醒
花萼走在路上

这是时间的形状时间的趋势时间的走向
这是时间的风声时间的月光时间的沉思
这是时间的积累时间的绽放时间的慨叹
这是博大自然的深入浅出和语重心长

这座被塑造被安顿被缝合　举重若轻的造型
这座被唤醒被赋予被神化　美轮美奂的架构
这座沉重的精美的陡峭的梦幻的景观
这座简洁的流畅的自然的高不可攀的王座

阿尼玛卿湿地　摄影/付洛

青海省水系图

阿尔金山脉
柴达木盆地
茫崖市
尕斯湖
西台吉乃尔湖
鸭湖
东台吉乃尔湖
大柴旦湖
小柴旦湖
东达布逊湖
南霍鲁逊湖
格尔木市
台吉乃尔河
那棱格勒河
格尔木河
昆仑山脉
布喀达坂峰
可可西里湖
卓乃湖
可可西里山
玉珠峰
雅拉达泽峰
楚玛尔河
通天河
唐古拉山镇
沱沱河
乌兰乌拉湖
赤布张措
各拉丹冬
唐古拉山
唐古拉山脉
治多
杂多
图例
省级行政中心
地级市行政中心
共和 自治州行政中心
县级行政中心
乡、镇级行政中心
布喀达坂峰 山峰及注记
省级界
州、地级市界
常年河、时令河
常年湖、水库
时令湖
❶ 青海省在甘肃省的飞地
❷ 海南州在黄南州的飞地
比例尺 1∶3 500 000

祁连山脉
疏勒河
托勒河
黑河
祁连
门源
大通河
哈拉湖
德令哈市
天峻
刚察
布哈河
青海湖
海心山
西海镇
海晏
大通
互助
西宁市
海东市
(乐都区)
湟源
湟水
平安区
湟中区
民和
托索湖
乌兰
茶卡盐湖
柴达木
地
都兰
共和
龙羊峡水库
贵德
化隆
尖扎
循化
刘家峡水库
兴海
贵南
同仁市
同德
泽库
河南
黄河
冬格措纳湖
扎陵湖
鄂陵湖
玛多
巴颜喀拉山
阿尼玛卿山
玛沁
甘德
达日
久治
年保玉则峰
班玛
称多
玉树市
囊谦
流域范围线
黄河流域范围
长江流域范围
澜沧江流域范围
柴达木内流区范围
河西内流区范围
羌塘高原内流区范围

生命之水

青海水系以三江源为核心，形成外流与内流两大系统，共同构成青藏高原重要的水资源网络。外流区约占全省面积一半，黄河、长江、澜沧江三大水系贯穿其间，其中黄河干流在青海境内绵延约 1694 公里，年径流总量达百亿立方米级；长江干流延伸超 1200 公里，流域面积覆盖近 15.12 万平方公里；澜沧江作为国际河流，出境水量占国内段重要比例。这些外流河不仅滋养着下游广袤的冲积平原，更通过季节性冰雪融水与降水形成动态平衡，夏季冰川消融贡献显著水量。

内流区以柴达木盆地和青海湖盆地为主，分布着那棱格勒河、格尔木河等内陆河。格尔木河注入达布逊湖，而察尔汗盐湖年蒸发量高达百亿立方米级，凸显干旱区水文循环的剧烈特征。青海省水资源总量为 800 亿立方米以上，冰川储量达数千亿立方米，其中祁连山冰川群面积广布，年融水为三江源生态提供关键补给。值得注意的是，青海湖自 2005 年起进入水位回升期，其面积持续扩大，这一变化与气候变化下的降水模式调整及生态保护措施密切相关。

长江（通天河段）

通天河为长江源头干流，流经青海省玉树藏族自治州，河道蜿蜒于高山峡谷间，总长813公里。流域内冰川广布，年径流量约124亿立方米，水能理论蕴藏量达300万千瓦。通天河沿岸生态脆弱，历史上因过度放牧导致草地退化。近年实施退耕还林、湿地恢复工程，治理水土流失面积超1000平方公里，黑颈鹤、斑头雁等鸟类种群数量回升。通天河段还分布着古冰川遗迹和温泉群，形成独特的地质景观。

通天河　摄影/邹小庆

楚玛尔河　摄影/何启金

站在以吐蕃特香草命名的诗句中间
我看见雪线下的星星海，舞蹈的黑颈鹤
我看见你用精美意象砌成的道路
沿着众鸟飞回的方向一直到达记忆深处

站在以万朵春日命名的诗句中间
我看见穿着马靴的阿吾，在路途上讲着故事
我看见传说中的马队和逐渐远去的背影
生命中的星星海露出了满月一般耐读的面容

黄河湿地——星星海　摄影/田惠源

澜沧江辫状水系　摄影/许莫凡

巨流之源

青海作为黄河、长江、澜沧江的发源地，其独特的“源文化”体系融合了地理生态特征与人文精神内核。三江源区以广袤的高原湿地、数以千计的冰川和星罗棋布的湖泊构成独特的生态系统，这些自然要素共同维系着三大江河流域水资源的动态平衡。藏族文化中“治曲”（母牛河）的命名及源头圣地的自然崇拜，体现了高原民族“万物有灵”的朴素生态观，这种观念与现代生态文明理念形成跨越时空的呼应。

三江源国家公园体制试点以来，通过实施黑土滩治理、退化草原修复等生态工程，配合“一户一岗”生态管护员制度，推动十数万牧民转型参与生态保护。雪豹等旗舰物种已连续多年稳定繁衍，普氏原羚种群数量实现数倍增长，印证了生态保护与社区发展的协同效应。这片平均海拔 4500 米的区域，既是青藏高原地质演化的天然博物馆，更是构建中华民族共有精神家园的重要载体。其生态服务功能覆盖全国超 20% 人口，为全球高海拔地区生态保护提供了中国方案。

玛多黄河湿地　摄影/许明远

澜沧江——吉曲十八湾　摄影/李景鹏

不寻常之美，是安坐在你路途上的群山
群山绵延，我们用来比喻道路漫长
不寻常之美，是生长在你流动中的篝火
篝火燃烧，我们用来传达生命激情

你与春天和惊雷、鸟鸣、草木一起成长
牢记的不仅是群山的记忆，还有江河的诺言
你与秋天和山岳、花朵、时光一起走远
丈量的不仅是艰辛的路途，还有命运的曲线

澜沧江——孜曲 摄影/邹小

澜沧江(尕纳松多) 摄影/文德

三江源水系图

新疆维吾尔自治区
鲸鱼湖
苏鲁皮提勒克河
玉浪河
昆仑山脉
库水浣
布喀达坂峰
勒斜武担错
太阳湖
向阳湖
可可西里湖
月亮湖
饮马湖
卓乃湖
多格错仁强措
西金乌兰湖
错达日玛
多尔改错
永波湖
明镜湖
乌兰乌拉湖
布鲁山克错
葫芦湖
玛章错钦
洋姜湖
雪莲湖
波涛湖
唐古拉山
雀莫错
美日切错
（格尔木市代管）
各拉丹冬
赤布张错
吐错
昂巴错哲
孔纳木错
雅根错
其香错
洋纳朋错
姜拆错
楚拉克阿干河
乌图美仁
海西蒙
黑海
库赛湖
盐湖
海丁诺尔
昆仑
楚玛尔河
玉树
北麓河
索加
查旦
西藏自治区
唐古拉山
聂荣
索县
图例
玉树市 自治州行政中心
县级行政中心
乡、镇级行政中心
唐古拉山 山峰及注记
园区界
省级界
州级界
常年河、时令河
湖泊
比例尺 1:2 300 000

乌兰
柯柯盐湖
都兰湖
茶卡
茶卡盐湖
察尔汗行委
南霍布逊湖
郭勒木德
格尔木市
宗加
大格勒
夏日哈
都兰
热水
格尔木河
诺木洪河
察汗乌苏河
族 藏 族 自 治 州
海南藏族自治州
巴隆
香日德
香加
柴达木河
沟里
阿拉克湖
冬格措纳湖
苦海
山 脉
雅拉达泽
扎陵湖
花石峡
下大武
玛多
玛卿岗日
麻多
玛曲
卡日曲
扎陵湖
鄂陵湖
果 洛 藏 族 自 治 州
曲麻河
黄河
叶格
秋智
楚玛尔河
多曲
热曲
优云
扎河
治渠
曲麻莱
洛曲
德曲
通天河
聂恰曲
治多
多彩
巴干
扎朵
清水河
特合土
杂朵
立新
安冲
珍秦
称多
拉布
隆宝
仲达
歇武
自
治
玉树市
石渠
四 川 省
麻母河
雅砻江
各雅河
桑日麻
扎青
扎曲
阿多
杂多
昂赛
上拉秀
巴塘
子曲
结多
下拉秀
觉拉
州
金沙江
苏鲁
小苏莽
东坝
着晓
毛庄
吉曲
囊谦
尕羊
吉尼赛
娘拉
白扎
吉曲
区
嘎曲
德格
多曲
布冲错

^　祁连山八一冰川　摄影/孙春生

一只古鸟还在石化的内心张望
玄武岩肌理中沉睡的翅膀苏醒
雪崩以慢动作解析冰雪的密码
青铜箭镞在砾石滩回首当年

毛牛驮着千年雪水迁徙
蹄印里浮出吐蕃星图的火光
当冰舌舔破银河的堤坝
整座祁连正分娩出冰清玉洁的史诗

各拉丹东冰洞　摄影/邹小庆

玉树隆宝滩湿地　摄影/文德

青海湿地

湿地是地球生态系统中兼具生物多样性保护、水文调节、水
净化、提升固碳及资源供给等多重功能的“地球之肾”，其
然基因库和生态服务价值对维持全球生态平衡与人类可持续
展至关重要。青海湿地总面积 71200 平方公里，占全国湿
面积的 12.64%，居全国前列。三江源、青海湖两处国际重
湿地，以及隆宝滩、扎陵湖等四处国家级湿地构成生态网络
青海湖鸟岛湿地栖息斑头雁、棕头鸥等鸟类超 10 万只，玉
隆宝滩为黑颈鹤重要繁殖地。通过湿地生态补偿、管护员
度，全省湿地生态管护覆盖率达 90%。实施湿地修复项目
来，不断恢复退化湿地，高原湿地成为全球气候变化研究的
键区域。

果洛尼多湿地　摄影/蔡征

天峻木里湿地　摄影/邹小庆

玉树查旦湿地　摄影/邹小庆

祁连央隆湿地　摄影/许明远

青海湖湿地　摄影/崔春起

黑河大峡谷　摄影/白玛次成

在紧密的地质结构中突围
抬头望见一枚三叠纪蓝色的月亮
在玄武岩的缝隙中找到喷发点
我成为甲骨文里沸腾的部首

在冻土尽头的黎明和深邃的漩涡
我将生命的巨石推向北方以北
在沉重的抒情和艰难的叙事中
开辟一条峡谷　带走时间的汹涌澎湃

大通河　摄影/刘芳

湟水河

湟水河发源于海晏县包呼图山，全长374公里，流域面积3.28万平方公里，是黄河上游最大支流，年均径流量46.2亿立方米，于甘肃永靖县汇入黄河。作为青藏高原与黄土高原过渡带的生态廊道，其干流串联湟源、西宁、乐都等河谷盆地，形成串珠状冲积平原，海拔落差1435米，河道宽窄相间，宽谷段最宽达300米，为农业灌溉提供稳定水源，支撑青海省60%以上人口生存。

湟水流域是河湟文化核心区，史前文明遗存密集。距今7000年的拉乙亥遗址出土研磨器，见证原始农业萌芽；马家窑文化彩陶、齐家文化青铜器、卡约文化贝币等文物，揭示新石器至青铜时代先民的生产技术与社会形态。西汉赵充国屯田、唐代文成公主入藏等历史事件，均以湟水为地理坐标展开。南凉虎台、瞿昙寺壁画等遗迹，则印证多民族迁徙驻足与文化交融。

湟水河谷是全省粮食主产区，灌溉面积超100万亩，支撑西宁、海东城市群发展。其水质直接影响黄河上游生态安全，2009年起实施全流域污染治理，建成污水处理厂23座，关停非法采砂点136处，2021年出境水质稳定，达Ⅲ类标准。

湟水河　摄影/李松哲

青海省三大自然区分布图

图例

◉ 省级行政中心 ○ 乡、镇级居民地
◎ 地级市行政中心 —— 省级界
同仁市 自治州行政中心 河流、湖泊
⊙ 县级行政中心 ❶ 青海省在甘肃省的飞地

比例尺 1∶7 000 000

疏
勒
河
哈拉湖
德令哈市
布
哈
河
天峻
素湖
旱
区
乌兰
茶卡盐湖
柴
达
木
河
都兰
大
通
河
祁连
东
部
季
风
区
门源
刚察
青
海
湖
西海镇
海晏
大通
互助
湟
水
河
西宁市
湟源
海东市
(乐都区)
湟中区
平安区
共和
民和
1
黄
河
贵德
化隆
尖扎
循化
龙羊峡水库
刘家峡
水库
兴海
贵南
同仁市
黄
同德
泽库
冬格措纳湖
曲
扎陵湖
鄂陵湖
玛多
高
原
河
河南
玛沁
黄
河
甘德
达日
久治
班玛
称多
玉树市
囊谦

林与田协奏

青海高原的林与田构成其生态系统的核心框架，通过多维度治理实现生态与农业的协同发展。祁连山云杉林作为重要生态屏障，其发达的根系和固碳能力有效维持水源涵养功能，年融水为黄河、长江、澜沧江提供关键水源补给。河湟谷地通过青稞田与人工林的生态循环模式，既保障粮食安全，又提升区域水源涵养能力，森林覆盖率提升使水源涵养量显著增加。

结合“乡土草种、免耕补播”修复模式，有效治理黑土滩，草地植被覆盖度提升。农田系统以青稞、油菜为主，门源万亩油菜花海与雪山景观形成独特生态标识。以生态保护促农业升级的模式，为高海拔地区提供了可持续发展的中国方案，印证“绿水青山”与“金山银山”的共生关系。

察汗河国家森林公园　摄影/陈跃生

群加国家森林公园　摄影/李凌

祁连山冰沟　摄影/李松哲

麦秀国家森林公园　摄影/许明远

^ 察汗河国家森林公园 摄影/刘芳

∧　仙米国家森林公园　摄影/张洪军

玛可河林场　摄影/赵金德

贵德坐曲瀑布　摄影/李松哲

循化孟达天池　摄影/许明远

玛可河　摄影/图登华旦

青海坎布拉世界地质公园　摄影/李秉廷

青海坎布拉世界地质公园

2025 年 4 月 11 日，青海坎布拉正式获批联合国教科文组织世界地质公园称号，成为我国第 49 处世界地质公园。该公园位于青海省黄南藏族自治州，总面积 3149.34 平方公里，地处青藏高原东北缘与我国地势一、二级阶梯过渡带，是研究高原隆升与环境变迁的重要区域。

公园内保存着完整的地质演化记录，其中隆务河三叠纪深海相沉积地层剖面因清晰的演化序列，被国际学界视为研究古特提斯洋“洋陆转换”的“地质教科书”。罕见的隆务峡超基性岩体、壮丽丹霞地貌与黄河景观在此共存，既记录了大地构造演化的历史，也为研究黄河上游滑坡与气候变化提供了天然样本。

碧绿的黄河与赤红的丹霞交相辉映，隆务河穿行峡谷形成壮丽景观，山地森林与草甸构成高原生态屏障，藏羚羊、白唇鹿等野生动物在此栖息。当地的热贡艺术将地质奇观融入唐卡、壁画创作，形成“地质、生态、人文”协同保护模式。如今，公园通过生态旅游与研学科普，正探索地质资源保护与可持续发展的新路径，向世界展示高原的地质魅力与人文智慧。

坎布拉国家森林公园　摄影/邹小庆

你流露逝者如斯地老天荒的感慨，蓦然回首
发现思想徒劳，自由的寂寞，与黑夜一同
降临。天地之间，苍苍茫茫，沉重的诗句
与白发丛生的过客，瞬间被无声无息地遗忘

远道而来，我喃喃重复陈旧的故事
故事久被搁在角落里，已落满灰尘
轻轻拂去，你便出现了，还是可人的
模样。月光映着你的容光，在丹霞群中微笑

∧　大通油菜花海　摄影/许明远

当我蓦然醒来时
秋天已逝。带着它的烟霭、钟声和谷物
带着它的少妇，还有那成熟的丰韵
而早在这个秋季到来之前
我发誓要在琴歌里醒着
热爱、书写，把自己推倒在草地上
并通过这微弱力量到达的高度
惊奇地俯视田野和村落

河湟梯田　摄影/田成才

青稞　摄影/李凌

雪水，把骨头磨洗成锋芒
风一吹，站成倔强的姿势
雨砸下来，腰折了也不吭声
把冻土里埋藏的星星数了又数

晒干的壳里裹着雪线的风声
路途上的牧人将时光碾碎
月明星稀　酥油飘香
牛羊嚼着粗粝的骨头过冬

酒坛在灶边慢慢温热
歌谣是你在血管里发芽的声音
夕阳如霞　马蹄声醉
每粒青稞里都住着不灭的青海

青海省湖泊分布图

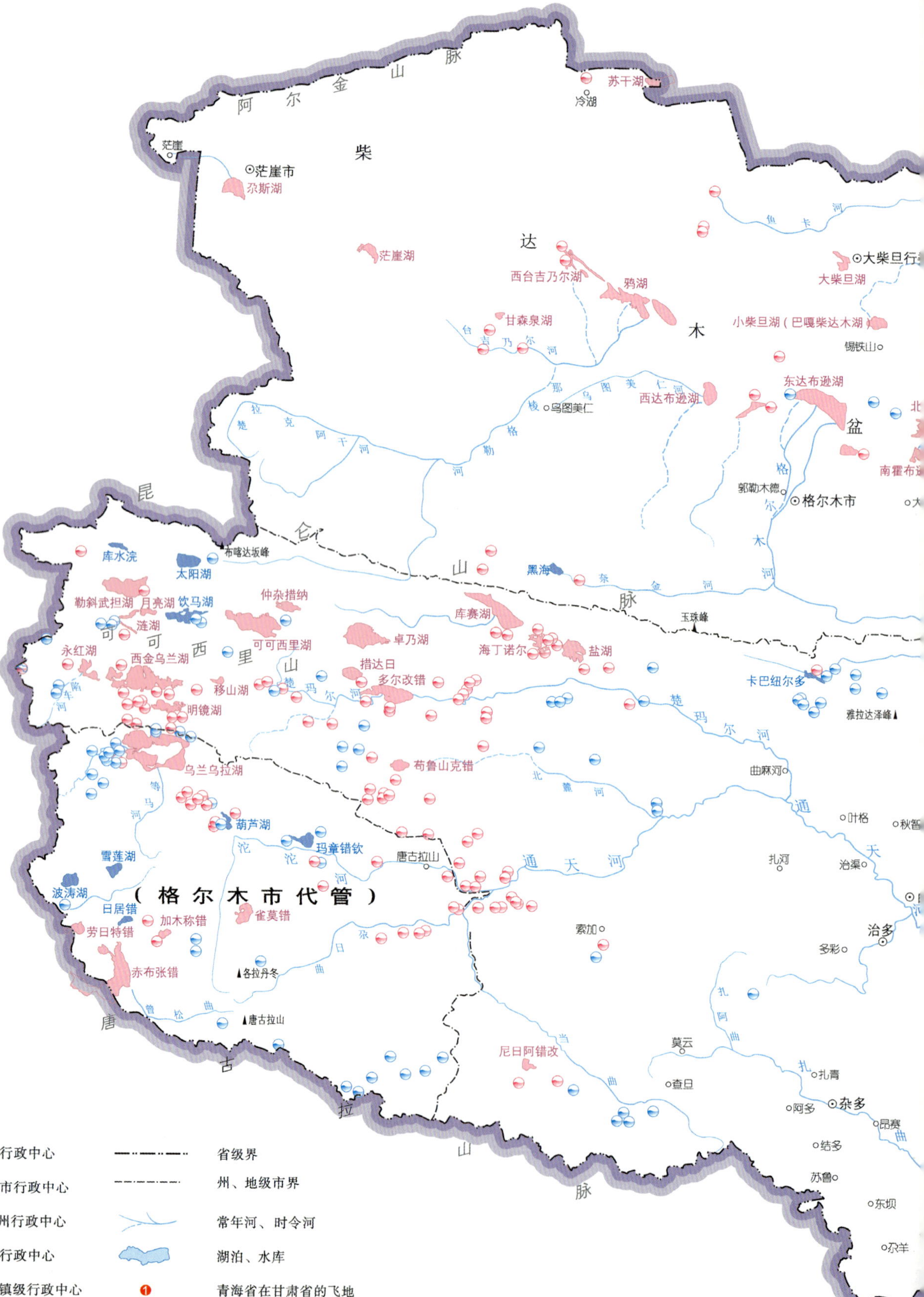

图例

◉	省级行政中心		省级界
◎	地级市行政中心		州、地级市界
共和	自治州行政中心		常年河、时令河
⊙	县级行政中心		湖泊、水库
○	乡、镇级行政中心	❶	青海省在甘肃省的飞地
▲布喀达坂峰	山峰及注记	❷	海南州在黄南州的飞地

比例尺 1∶3 500 000

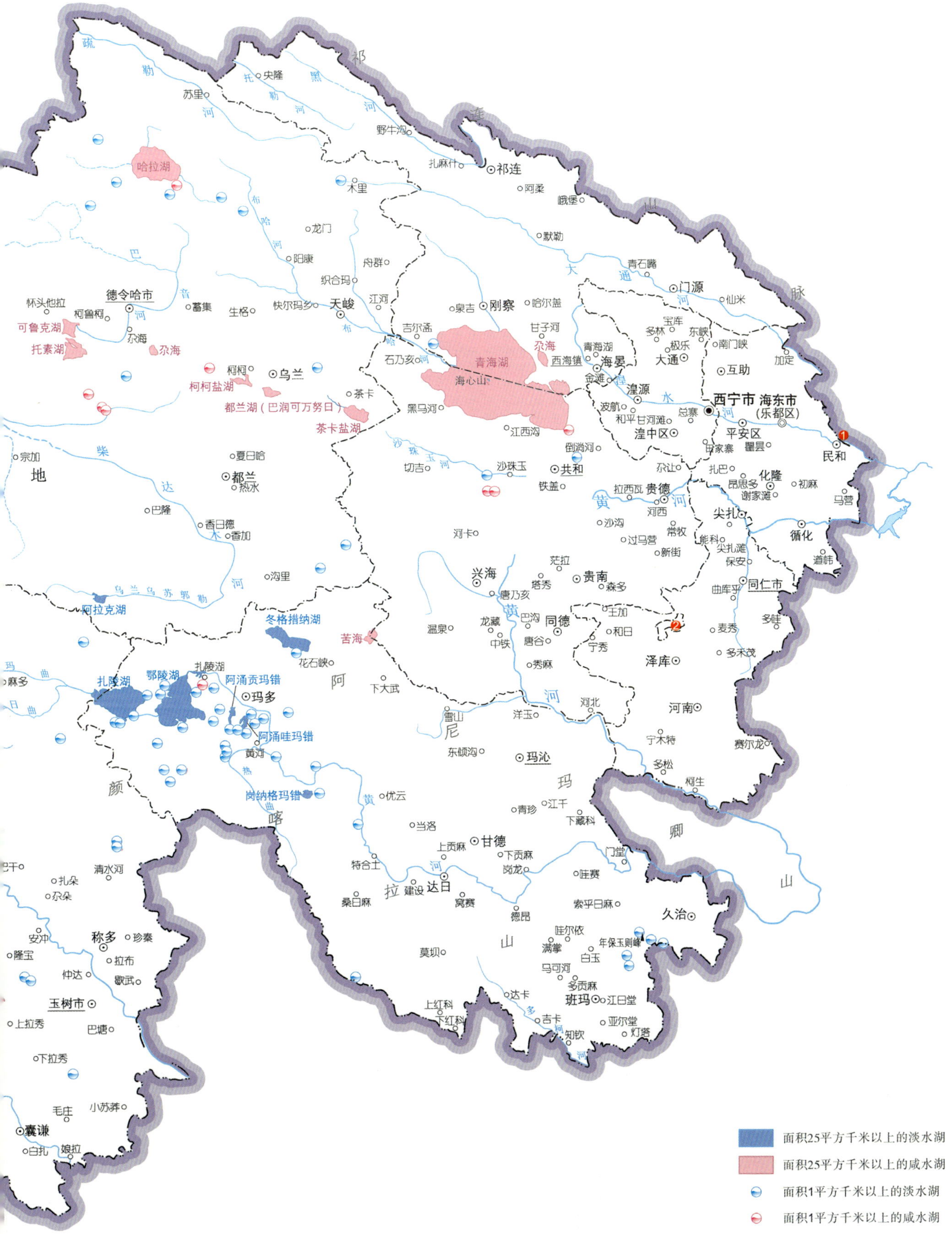

祁连山脉
阿尼玛卿山
巴颜喀拉山
柴达木盆地
疏勒河
托勒河
黑河
大通河
湟水
黄河
布哈河
沙珠玉河
巴音河
柴达木河
乌兰乌苏郭勒
玛曲
多曲
热曲
哈拉湖
可鲁克湖
托素湖
尕海
柯柯盐湖
都兰湖（巴润可万努日）
茶卡盐湖
青海湖
海心山
西海镇
阿拉克湖
冬格措纳湖
苦海
扎陵湖
鄂陵湖
阿涌贡玛错
阿涌哇玛错
岗纳格玛错
西宁市
海东市
(乐都区)
德令哈市
天峻
刚察
祁连
门源
海晏
湟源
湟中区
大通
互助
平安区
民和
乐都
化隆
循化
尖扎
贵德
共和
兴海
贵南
同德
同仁市
泽库
河南
玛沁
甘德
达日
久治
班玛
玛多
称多
玉树市
囊谦
都兰
乌兰
苏里
央隆
野牛沟
扎麻什
阿柔
峨堡
默勒
青石嘴
仙米
木里
龙门
阳康
舟群
织合玛
江河
快尔玛乡
泉吉
哈尔盖
甘子河
吉尔孟
石乃亥
黑马河
江西沟
倒淌河
沙珠玉
铁盖
切吉
茶卡
柯柯
蓄集
生格
怀头他拉
柯鲁柯
尕海
宗加
夏日哈
热水
巴隆
香日德
香加
沟里
河卡
芒拉
塔秀
森多
唐乃亥
龙藏
巴沟
中铁
唐谷
秀麻
王加
和日
宁秀
麦秀
多禾茂
多哇
曲库乎
温泉
花石峡
扎陵湖
下大武
黄河
雪山
洋玉
河北
东倾沟
宁木特
多松
柯生
赛尔龙
优云
当洛
青珍
江千
下藏科
上贡麻
下贡麻
岗龙
特合土
桑日麻
建设
窝赛
德昂
门堂
哇赛
索平日麻
哇尔依
满掌
年保玉则峰
白玉
马可河
多贡麻
江日堂
亚尔堂
灯塔
达卡
吉卡
知钦
上红科
下红科
莫坝
宝库
多林
东峡
极乐
南门峡
加定
青海湖
金滩
波航
和平
甘河滩
总寨
田家寨
瞿昙
扎巴
昂思多
谢家滩
初麻
马营
拉西瓦
河西
沙沟
过马营
常牧
新街
能科
尖扎滩
保安
道帏
尕让
麻多
清水河
扎朵
尕朵
安冲
珍秦
隆宝
拉布
仲达
歇武
上拉秀
巴塘
下拉秀
毛庄
小苏莽
白扎
娘拉
面积25平方千米以上的淡水湖
面积25平方千米以上的咸水湖
面积1平方千米以上的淡水湖
面积1平方千米以上的咸水湖

湖、草、沙交响

青海省以“湖、草、沙”综合治理为核心，构建高原生态安全屏障。青海湖流域实施山水林田湖草沙冰一体化保护，通过湿地恢复、刚毛藻治理等工程，水体面积持续扩大，水质优良率稳定在高位，湿地保护率与草地综合植被覆盖度显著提升。草原生态系统以退牧还草、补播改良为手段，植被覆盖度大幅提升。家畜承载力与生态负荷实现平衡。防沙治沙方面，克土沙区采用“草方格”“灌木固沙”模式，生物结皮覆盖率提升，荒漠化与沙化土地连续实现“双缩减”。技术赋能是治理关键，实景三维青海平台集成多源遥感数据，构建“天空地一体化”监测网络，为生态修复提供精准空间支持。

冬格措纳湖　摄影/许明远

青海湖三块石　摄影/蔡征

青海湖面积监测变化趋势图

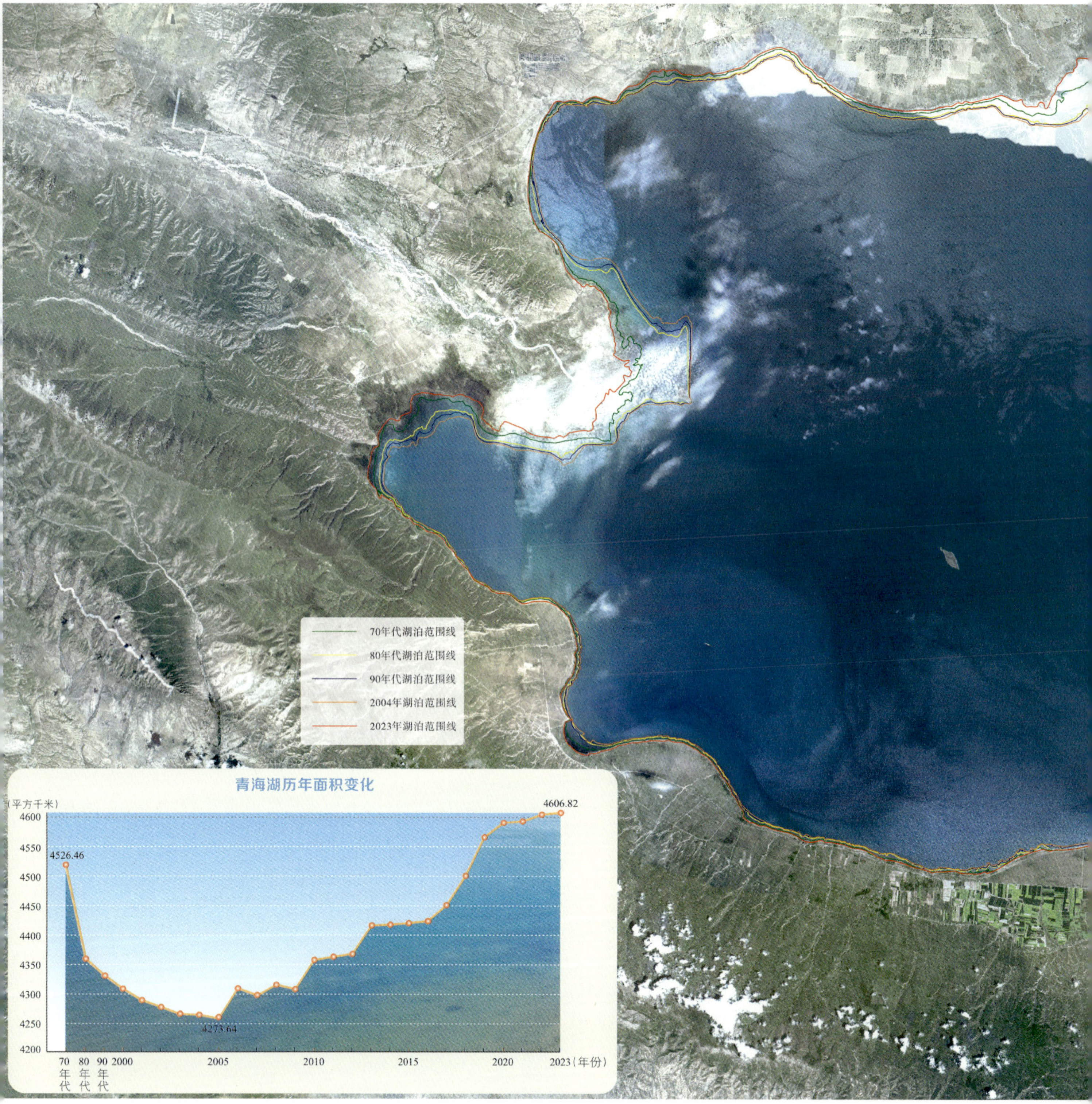

高大陆蓝宝石

青海湖，这颗镶嵌在青藏高原东北缘的蓝宝石，是印度板块与欧亚板块碰撞的史诗级产物。约 200 万年前，强烈的构造运动导致祁连山系断裂下陷，冰川融水与大气降水在封闭盆地中汇聚，孕育出这座面积 4650.08 平方公里、海拔 3196 米的中国最大内陆咸水湖。其湖水盐度的微妙平衡，源自冰雪融水的持续补给与强烈蒸发的动态博弈。

作为东亚至澳大利亚候鸟迁徙路线的关键节点，青海湖每年承载着 10 万余只候鸟的生命航程，斑头雁、棕头鸥等 189 种鸟类在此完成繁育接力。湖中特有的青海湖裸鲤，以每年洄游产卵的壮美仪式，维持着高原水生生态系统的物质循环。环湖草原的紫花针茅与嵩草群落，构建起维系青藏高原东北缘生态安全的核心屏障。

当晨光刺破湖面氤氲，这片蓝色镜面不仅倒映着祁连山的穹庐，更折射着高原生态系统的精密与脆弱——它既是调节区域气候的天然肺叶，也是丈量生态文明的标尺，在人类守护与自然律动的和弦中，续写着 4000 平方公里的生态启示录。

^ 青海湖　摄影/李凌

雨乱纷纷落下来
有人住在我心里
日夜不停地呼喊
盐在哪里　湖泊在哪里
同行的人那样陌生
就像不期而遇的怪鸟
含糊的言词一经吐出
就被冰凉的空气融解
然后在水上消逝

我告诉你
盐在青海　湖在青海
青海远如童话和诗歌
五角的星星守住了羊群
六角的星星照耀白毡房
七角的星星庇护熟睡的姐姐
没有角的星星就是太阳王

青海湖开湖　摄影/马军

黄河源头扎陵湖　摄影/李松哲

黄河源头鄂陵湖　摄影/许明远

德令哈托素湖 摄影/图登华旦

从不是道路的道路上
走来肩挂铃铛的牧神
他古老而高贵的手指
抚过人间的赤子
他说，我痛惜这最后的一个
和此刻伴随着他
而随后将要远去的姐妹

他起意给这神思中遨游的孩子
全然不同于以往的牧场
他在羊群中选择七只
作孩子的北斗
他将最后的一只作为礼物
献给被惩罚的自己

海西哈拉湖　摄影/戴永峰

年保玉则拉藏措　摄影/曹民锴

年保玉则　摄影/依加

黄南河曲草原　摄影/土默特·托勒

贵南塔秀草原　摄影/刘子豪

河南县草原　摄影/旦增

祁连草原　摄影/李松哲

巴塘草原　摄影/文德

青海湖沙韵　摄影/路生贵

等待我的到来，你憔悴得线条模糊
我以抱歉的心情阅读你随意撰写的传奇
一粒沙仿佛一个抱怨，默默流露，液汁渗入
我的眼睛、我的舌尖、我的感觉，使我疼痛

还有怎样的生命和你依偎，博大的沉默
撕碎人们的傲慢，你在风中起伏的浪头
与天边的云波接壤，在“隆隆”的声响中
我和你摇曳不定，在时间恒沙般的眼神中

青海湖水上沙漠　摄影/马海青

贵南木格滩沙漠　摄影/刘子豪

格尔木胡杨林　摄影/李凌

乌兰金子海　摄影/刘芳

青海省国家公园分布图

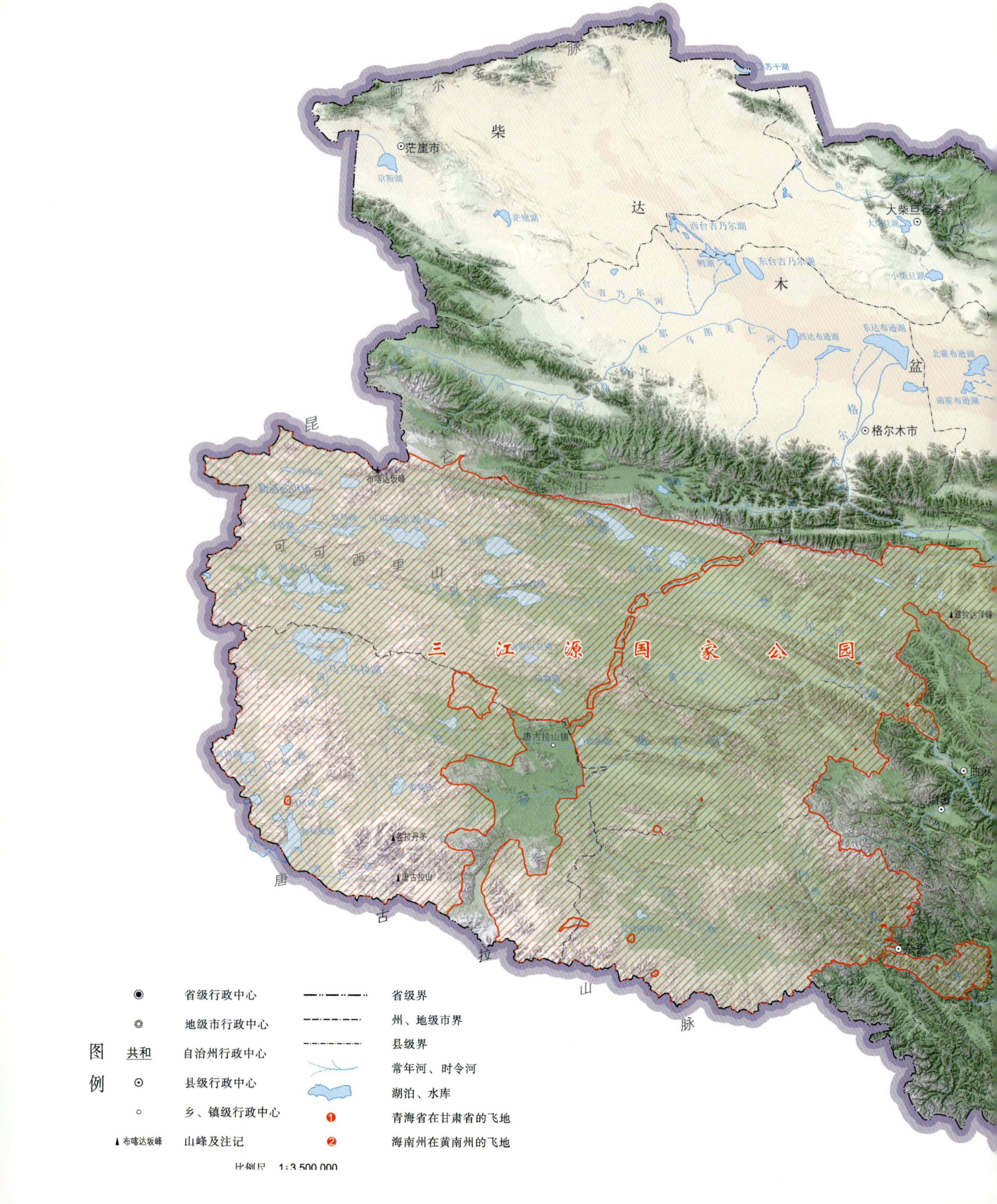

阿尔金山脉
苏干湖
柴达木盆地
茫崖市
尕斯湖
茫崖湖
西台吉乃尔湖
鸭湖
东台吉乃尔湖
台吉乃尔河
那棱格勒河
乌图美仁河
西达布逊湖
东达布逊湖
北霍布逊湖
南霍布逊湖
大柴旦镇
大柴旦湖
小柴旦湖
鱼卡河
格尔木河
格尔木市
昆仑山
布喀达坂峰
可可西里山
可可西里湖
乌兰乌拉湖
唐古拉山镇
雀莫错
格拉丹冬
唐古拉山
唐古拉山脉
雅拉达泽峰
曲麻莱
治多
杂多
三江源国家公园
省级行政中心
地级市行政中心
共和
自治州行政中心
县级行政中心
乡、镇级行政中心
布喀达坂峰
山峰及注记
省级界
州、地级市界
县级界
常年河、时令河
湖泊、水库
青海省在甘肃省的飞地
海南州在黄南州的飞地
比例尺 1:3 500 000

祁连山国家公园
青海湖国家公园
祁
连
山
脉
哈拉湖
祁连
门源
德令哈市
天峻
刚察
青海湖
海心山
西海镇
海晏
大通
互助
湟源
西宁市
海东市
(乐都区)
湟中区
平安区
民和
化隆
乌兰
沙珠玉河
共和
柴达木
都兰
贵德
尖扎
循化
龙羊峡水库
刘家峡水库
兴海
贵南
同仁市
同德
泽库
河南
玛多
玛沁
甘德
达日
久治
积石山
西倾山
称多
玉树市
囊谦
三江源国家公园
祁连山国家公园
青海湖国家公园

三江源国家公园

三江源国家公园是中国首个以国家公园体制试点推动生态治理的典范，总面积19.07万平方公里，覆盖黄河、长江、澜沧江源头核心区。其建设以体制机制创新为突破，整合6类15个自然保护地，打破传统“九龙治水”格局，建立大部门制管理体系，实现山水林田湖草沙冰一体化保护。通过黑土滩治理、退化草场改良、湿地修复等工程，生态系统多样性显著提升，水源涵养能力增强，藏羚羊等濒危物种种群恢复。创新“一户一岗”生态管护机制，1.72万名牧民转为生态管护员，兼顾保护与民生，推动生态文化传承，形成“生态保护、社区发展、文化延续”协同模式，为全球高寒生态治理提供“中国方案”。

三江源国家公园——黄河源牛头碑　摄影/许明远　>

生态诗篇

黄河源头，生态巡护员的足迹化作高原上的绿色诗行。他们手中的相机不仅记录下藏羚羊跃过山脊的瞬间，更定格了“千湖重现”的奇迹——那些曾干涸的湖泊如星辰坠落草原，映照着雪山的倒影。三江源的生态管护员们，用双脚丈量着 19.07 万平方公里的辽阔，将传统牧歌谱写成守护生命的赞歌，让“中华水塔”重新流淌出清泉般的希望。

祁连山的起伏中藏着生态演变的密码。雪豹的吼声穿透林海，荒漠猫的身影在草丛间若隐若现，这些高原隐士的苏醒，印证着共建模式的智慧。牧民端起相机，将岩羊与家畜共饮的和谐画面传向世界，让生物多样性在镜头下绽放成永不褪色的画面。

青海湖国家公园候选区创建完成阶段性任务，形成草、河、湖、鱼、鸟共生生态链，湿地面积持续扩大。裸鲤在禁捕中完成生命的繁衍，候鸟的翅膀丈量着湿地与生态未来的距离。当“天空地一体化”监测网络编织成守护之网，青海湖的蓝不仅映照着天空，更成为人与自然对话的桥梁。

三江源国家公园——昂赛大峡谷　摄影/文德

三江源国家公园——长江七渡口　摄影/文德

可可西里卓乃湖　摄影/布琼

世界自然遗产地——可可西里

可可西里位于青藏高原腹地，横跨青海玉树藏族自治州治多县、曲麻莱县，总面积约6万平方公里，是中国面积最大的世界自然遗产地。其核心区为高寒荒漠与湖泊湿地交错的生态系统，保存着青藏高原最完整的夷平面与密集的湖泊群，构成长江源北部重要集水区。

作为全球生物多样性热点区域，可可西里拥有210种植物与75种脊椎动物，其中12种为青藏高原特有，包括藏羚羊、野牦牛、藏野驴等濒危物种。藏羚羊种群占全球总量近40%，每年夏季超6万只雌性藏羚羊迁徙至卓乃湖等区域产羔，形成壮观的生态奇观。该区域还保留着藏羚羊完整生命周期栖息地，支撑其迁徙、繁殖等自然过程。

遗产地实施严格保护措施，核心区禁止人类活动，缓冲区限制开发。通过反盗猎行动，连续8年未发生藏羚羊盗猎案件，种群数量逐步恢复。三江源国家公园体制试点时已将可可西里纳入统一管理，建立巡护体系与生态监测网络，平衡保护与科研需求。

2017年列入《世界遗产名录》，成为全球荒野景观保存最完好的区域之一。其高原夷平面、冰川遗迹、湖泊群及特有物种栖息地，为研究生物演化与生态适应提供独特样本。申遗成功推动国际关注，强化跨区域协作，成为高原生态保护的全球标杆。

可可西里　摄影/李军

祁连山　摄影/张景元

青海湖国家公园候选区

青海湖国家公园候选区以高原内陆湖泊湿地为核心，聚焦“国际生态旅游目的地”定位，完成本底调查、范围划分等 55 项创建任务。通过湿地恢复、水环境治理及生物多样性保护工程，青海湖水体面积持续扩大，裸鲤资源、鸟类种群显著回升，普氏原羚数量达 3000 余只，荒漠猫等珍稀物种重现。构建“四固定、三统一”监测体系，结合无人机与“天空地一体化”巡护，实现重点区域全覆盖。创新生态旅游模式，规划生态观景点与精品线路，发展社区参与式经营，带动环湖 20000 余名群众受益。其建设强调“不让一滴污水流入青海湖”的保护准则，平衡生态保护与绿色发展，成为高原湖泊综合治理的标杆。

青海湖　摄影/邹小庆　>

祁连山国家公园候选区

祁连山国家公园候选区横跨青、甘两省，总面积5.02万平方公里，以维护西北生态安全屏障和生物多样性为核心目标。近年来，祁连山国家公园候选区青海片区通过整合自然保护区、森林公园等自然保护地，建立跨区域综合执法机制，严禁矿产开发、严控人类活动，完成探采矿权清退，实施封山育林、湿地保护、草地修复等治理工程，雪豹、白唇鹿等物种活动范围扩大，栖息地质量提升。科技赋能生态监测，布设红外相机等各类监测设备1700余台（套），构建无人机与卫星遥感协同的“天空地”网络，实现森林火灾、野生动物活动实时预警。社区建设成效显著，打造生态科普馆、生态游憩点和生态研学路线，推动林旅融合，带动牧民转型为生态导游或民宿经营者，探索出“生态修复—产业转型—社区共富”路径，成为西北干旱区生态保护与高质量发展的典范。

它站在水与草之间
宛如一尊还未完成的石雕
在无形的刀下
绷紧　不断地绷紧
凌乱的鬣鬃随风飘曳
更加凌乱的鬣鬃
盖住褐色的眼睛
但盖不住光

光与太阳同出一源
但比白昼更加细腻
从中折射的露珠
谁又能肯定那不是泪水
这从石头内部
从雪山深处流淌的悲哀
在蓦然间改变了一切
我们变成另一种石头

∧ 布哈河入湖口 摄影/许明远

布哈河应该知道
日落之前，这个人
将围着自己的灵魂转圈子

夜晚来临，他停下
要在黑刺里越蹲越低
他要把肝胆高高悬起

布哈河应该知道
这个人黑暗中黑色的目光
正顺着河面的微波漂荡

即使布哈河知道，它
也不言语，只是缓慢地往前流
并打着均匀而沉闷的呼噜

绿色方舟

青海省作为“中华水塔”，其生物多样性保护具有全球意义。通过构建以国家公园为主体的自然保护地体系，整合三江源、祁连山、青海湖三大生态板块，形成覆盖高原全域的保护网络。在物种保护方面，雪豹、藏羚羊、普氏原羚等旗舰物种实现种群恢复，其中藏羚羊由濒危降级为近危，普氏原羚数量增长超 10 倍。技术赋能是治理关键，通过“天空地一体化”监测网络集成卫星遥感、无人机巡查等技术，实现 28 项生态参数实时监测，完成我国首次大规模雪豹种群系统评估。

从前我到达的草地
曾经我深入的辽阔
此刻都化成石块
堆放通往房屋的路上
它使我成为堡垒的主人
然后傲慢而苍老

现在上升的　下沉的
都是纷乱的星辰　万千星辰
构成平凡生命中闪光的意义
它促使我抛弃肉体
——沉闷而松软的结构
用轻飘的姿态流浪草原

雪豹　摄影/鲍永清

青海湖畔　摄影/图登华旦

生物多样性

藏羚羊　摄影/孙春生

猞猁　摄影/图登华旦

棕熊　摄影/布琼

野牦牛　摄影/崔春起

荒漠猫　摄影/瓦须·耿尼

兔狲　摄影/图登华旦

马来水鹿　摄影/雅格多杰

赤狐　摄影/瓦须·耿尼

白唇鹿　摄影/索南

马麝　摄影/瓦须·耿尼

藏野驴　摄影/瓦须·耿尼

毛冠鹿　摄影/雅格多杰

普氏原羚　摄影/崔春起

藏原羚　摄影/崔春起

阿尔泰盘羊　摄影/图登华旦

艾鼬　摄影/雅格多杰

喜马拉雅旱獭　摄影/图登华旦

狼　摄影/索南

猪獾　摄影/雅格多杰

狗獾　摄影/许明远

欧亚水獭　摄影/文德

贵南沙蜥　摄影/马海清

黑颈鹤　摄影/文德

草原雕　摄影/图登华旦

黑鸢　摄影/图登华旦

红喉雉鹑　摄影/白玛次成

血雉　摄影/图登华旦

藏雪鸡　摄影/班玛

白马鸡　摄影/文德

白尾海雕　摄影/图登华旦

苍鹭　摄影/白玛次成

猎隼　摄影/图登华旦

高原山鹑　摄影/白玛次成

草原雕　摄影/许明远

红隼　摄影/白玛次成

凤头䴙䴘　摄影/白玛次成

蓑羽鹤　摄影/王小炯

黑鹳　摄影/图登华旦

东方白鹳　摄影/图登华旦

纵纹腹小鸮　摄影/许明远

毛腿沙鸡　摄影/王小炯

红腹红尾鸲　摄影/图登华旦

西藏毛腿沙鸡　摄影/崔春起

棕草鹛　摄影/图登华旦

红脚鹬　摄影/图登华旦

灰头绿啄木鸟　摄影/图登华旦

蓝喉歌鸲　摄影/王小炯

发冠卷尾　摄影/雅格多杰

曙红朱雀　摄影/白玛次成

长尾山椒鸟　摄影/雅格多杰

雪莲　摄影/才让当周

杜鹃花　摄影/许明远

黄绿卷毛菇　摄影/才让当周

西藏杓兰　摄影/才项南加

与以往全然不同
现在他要说出这橘红的光芒
来自植物的叶脉
来自太阳消失很久之后
心灵对它亲切的缅怀
他要让这异常微弱的反光
沿着神秘的道路弥漫
一直弥漫
一直到达星群和星群下面
两片活着的湖泊
周围是他既熟悉又热爱的青草

条裂黄堇　摄影/许明远

多刺绿绒蒿　摄影/许明远

杜鹃花　摄影/陈跃生

红景天　摄影/图登华旦

雅江点地梅　摄影/文德

大黄　摄影/雅格多杰

冬虫夏草　摄影/才让当周

蓝玉簪龙胆　摄影/赵金德

五脉绿绒蒿 摄影/许明远

美花筋骨草 摄影/许明远

金露梅 摄影/切嘎

黄缨菊 摄影/赵金德

青海雪灵芝 摄影/许明远

苞叶雪莲　摄影/卓乃

川赤勺　摄影/孙春生

全缘叶绿绒蒿　摄影/瓦须·耿尼

的中心之一

空制，标志着青海河湟地区正式纳入中原王朝版图

，把青海大部分地区正式纳入中央王朝版图以内

立了以吐蕃为主体的地方政权，首府青唐城成为中原通往西域的枢纽

发展的格局已形成

手　青海正式建省

日文化

f分为泥质细陶和夹砂粗
匕与马家窑文化并行发展
陶器包含有马家窑类型、
因素，说明宗日文化曾受
影响，是两种文化交流发
陶器中有相当数量的绳纹
白色陶衣饰紫红色彩，绘
该文化的代表性器物。

陶埙

现的年代最早的陶埙。

文彩陶壶

齐家文化

距今4000年前，青海地区进入青铜时代，其上承新石器时代，下延至汉代，延续时间达2000年之久，是本土文化发展的重要阶段。齐家文化，是青海境内年代最早的青铜文化，其后分化为辛店文化、卡约文化和诺木洪文化。

七星纹铜镜

迄今为止，我国发现时代最早的一面铜镜。

骨叉

刻划网纹陶鬶

骨刀

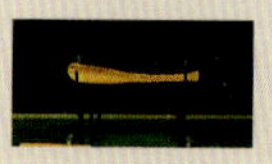

骨勺

高领折肩篮纹陶壶

四孔玉刀

玉璧

圆銎宽叶倒勾铜矛

辛店文化

鹿纹彩陶瓮

彩陶靴

辛店文化彩陶主要以彩绘双勾纹的双耳彩陶罐和腹耳壶为典型器物，纹饰多表现鹿、狗、羊、鸟等动物形象，也是辛店文化的重要标志。

辛店文化（唐汪类型）

涡纹彩陶鼎

涡纹彩陶壶

卡约文化

卡约文化制陶业不甚发达，陶器的质地比较疏松粗糙，但彩色陶器表面较为光亮，纹饰多用红彩和黑彩绘出，常见鹿纹和大角羊纹等动物图案。卡约文化晚期流行一种颇具特色的勾连旋涡纹。

金挂饰

金贝

大角盘羊彩陶罐

人字弦纹铜鬲

鹰纹骨管

诺木洪文化

诺木洪文化在青海省海西州都兰县诺木洪塔里他里哈首先发现，与卡约文化有密切联系。诺木洪文化分布范围仅限于青海柴达木盆地及其周边地区。出土器物有陶、石、骨、铜器和毛织品。陶器以夹砂陶为主，纹饰以压印纹、篮纹为主，多为素面。石器和骨器多为农业生产工具，遗址中还发现大量牛、羊等动物骨骼。其经济形态为半农半牧。

毛布残片

诺木洪文化遗址中的居民就使用这种毛布缝制衣服或是其他生活用品。

陶牦牛

陶牦牛的发现表明在诺木洪文化时期，人们已将野生牦牛驯养为家畜。

秦汉时期

秦汉时期，匈奴崛起于北方草原。到汉武帝时期，西汉开始“北却匈奴，西逐诸羌”，随着战争发展，西汉在河西走廊设立了敦煌、酒泉、张掖、武威四郡，东汉时期则从金城郡中析置西平郡(今西宁市)，进一步巩固了汉王朝的西部边疆。正是在这一时期，青海羌中道成为联通东西的交通要道，与靠北的道路共同组成了陆上丝绸之路。

诏假司马印

星云乳钉纹铜镜

卧式羊形铜灯

虎符石匮

狼噬牛金牌饰

金牌饰是我国北方多以动物为题材的典型饰物，是显示身份等级的匈奴文化标志性佩物。

“汉匈奴归义亲汉长”铜印

此印为东汉中央政府颁给当时河湟地区匈奴部族首领的官符印信。也从一个侧面反映了当时河湟地区多元族群融合发展的事实。

三老赵宽碑

波斯银壶

木轺车

距今约 3.7 万年前 古代先民进入青海，进行过季节性游猎活动

距今约 6000 年前 仰韶文化人群徙居青海“东大门”，粟黍农业和彩陶文化进入河湟。马家窑文化的兴起使河湟地区成为我国原始

4000 年前 齐家文化人群的徙入使河湟地区踏进文明时代的门槛

公元前 111 年 汉王朝在湟中设“护羌校尉”，筑西平亭（今西宁市），开始了对青海

公元 609 年 隋炀帝西巡击败吐谷浑，设置西海、河源、鄯善、

公元 1032 年 唃厮啰定都青唐城（今西宁市

元明清时期 青海多民

公元

青海境内发现了史前时期灿烂的考古文化：新石器时代的仰韶文化、马家窑文化、宗日文化，青铜时代的齐家文化、辛店文化、卡约文化、诺木洪文化等，这些考古发现勾勒出青海先民的活动轨迹，实证了青海在多元一体中华文明形成过程中的关键纽带作用。

马家窑文化

马家窑类型陶器纹样有漩涡纹、圆圈纹、多道条纹等几何纹和蛙、鸟、鱼纹及人像纹等。在瓶、盆、壶等器物上通体彩绘，是该类型彩陶纹饰的一个突出特点。

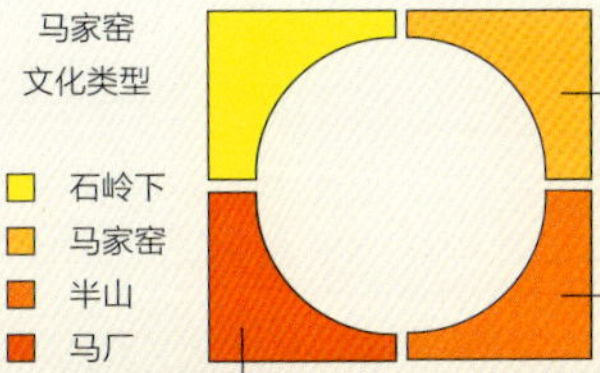

器物造型规整大方，纹饰简洁明快，鱼纹抽象生动，为同时期彩陶中的精品。

鱼纹彩陶瓮

二人抬物纹彩陶盆

圆点网纹彩陶瓶

半山类型的彩陶以壶、罐、瓶、钵等为常见。这一时期的纹饰出现黑红两彩相间的条带锯齿纹，绘在橙黄色陶器上，显得绚丽多彩。其主要图案有漩涡纹、弦纹、网纹等，显然是继承了马家窑类型同类纹饰而又加以演变的结果。

马厂类型中晚期蛙纹彩陶壶的典型器物。

蛙纹彩陶壶

鸭形彩陶壶

半山类型的彩陶以壶、罐、瓶、钵等为常见。这一时期的纹饰出现黑红两彩相间的条带锯齿纹，绘在橙黄色陶器上，显得绚丽多彩。其主要图案有漩涡纹、弦纹、网纹等，显然是继承了马家窑类型同类纹饰而又加以演变的结果。

这是世界上最古老的原始打击乐器。

弦纹折线纹彩陶鼓

半山类型典型器物。

漩涡纹彩陶壶

宗日文
陶两大
1000多
半山类
到马家
展的结
和附加
折线纹

青海

旧石器时代

尖状器

砍砸器

中石器时代

研磨器

原始先民用于砸碎坚果或研磨成粉末的食物加工工具。说明青海地区原始先民，已经从狩猎转向农业的过程。

仰韶文化（庙底沟类型）

曲腹彩陶盆

目前，青海境内出土的唯一一件复原的仰韶文化彩陶。

2 时光脉动

青海的每一粒风沙都裹挟着文明的密码。当指尖拂过柳湾彩陶上的人面纹样，5000 年前的呼吸便顺着螺旋纹路苏醒——马家窑先民以赭石研磨的图腾，是流淌在黄河上游最古老的母语，至今仍在湟水两岸的博物馆里讲述着彩陶成河的神话。宗日遗址的舞蹈纹彩陶盆上，连臂踏歌的身影倒映着青藏高原最早的星河。餐叉与骨勺的出土，让史前宴饮的欢歌穿越时空，在博物馆的玻璃展柜中与当代食器共鸣。

日月山　摄影 / 曹生渊

昆仑山北麓的喇家遗址，凝固着4000年前灾难瞬间的陶碗，盛过人类最早的小米面条，也盛过文明在苦难中重生的坚韧。断裂的“黄河磬王”与地震裂痕重叠，却让礼乐文明的钟声在考古遗址公园的废墟上愈发清越。而在唐蕃古道的残雪中，都兰热水墓群的织锦仍闪烁着波斯立鸟与吐蕃雄狮的金线，丝绸南路上往来的驼铃，早已将多元文明熔铸成高原的基因。

如今，这片土地正以当代智慧激活古老基因。玉树岩画的狩猎图被录入数字档案，丹噶尔古城的茶马市集化身非遗体验空间，长江文化公园的规划让三江源头的史诗与现代生态理念交织生长。文成公主庙的酥油灯与瞿昙寺的明代壁画隔空映照，长征文化公园的红星与清水湾的黄河浪涛隔岸应答。青海在用国家文化公园的经纬，编织出一条贯通古今的精神纽带。那些古城墙的斑驳、彩陶的裂璺、岩画的刻痕都在诉说：文明从未逝去，它的脉搏只是以博物馆的晨光、遗址公园的月色、非遗工坊的烟火，在高原的胸膛上长久跳动。

湟源县大华中庄出土的“犬戏牛鸠杖首”

乌兰泉沟一号墓出土的8世纪鎏金王冠

马家窑文化半山类型旋涡纹内彩陶盆

晋南北朝时期

晋以来，北方各少数民族不断南下西迁，起了民族大融合的高潮，大批内迁的北方族纷纷建立了政权。公元3世纪末至4世初，吐谷浑从辽东慕容鲜卑部落中分出，迁至青海地区，统治了今青海、甘肃西南和四川西北地区的羌、氐部落，建立了吐浑国。秃发鲜卑、乙弗鲜卑也在青海分别立了南凉国和乙弗勿敌国。

晋南北朝时期的“丝绸之路青海道”称土谷浑道”，也称“河南道”。“吐谷浑道”河西道堵塞而兴盛，成为沟通中亚、西亚中原地区的必经之路。

乳钉纹方砖

（南北朝）

玄武砚滴

（魏晋）

金花饰件

（东汉末至魏晋）

金扣蚌壳羽觞

（十六国时期）

胡人牵驼模印砖

（南北朝）

波斯银币

（波斯萨珊王朝）

唐蕃时期

唐蕃时期兴起一条连接中原、西藏与尼泊尔、印度的道路，即唐蕃古道。青海成为这条中原与南亚间商贸之道、民族友好之道的重要环节和必经之路。

唐人写经

草叶团窠对孔雀纹织锦

金胡瓶

錾指金杯

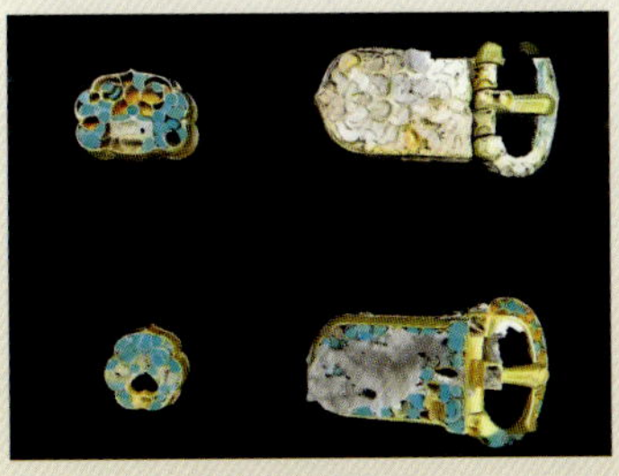

镶松石金带銙

宋金元时期

褐釉剔花牡丹纹瓷罐（西夏）

双鱼纹银钵（宋代）

弓箭（元代）

“通津堡巡检”铜印（金）

伍佰文“中统元宝交钞”纸币（元）

明清时期

“金书铁券”（明代）

大国师印

（明代）

青海西左前旗

扎萨克之印（清代）

西宁土官指挥使之印（清代）

青花缠枝莲纹

贯耳瓷尊

永乐款铜鎏金

观音立像

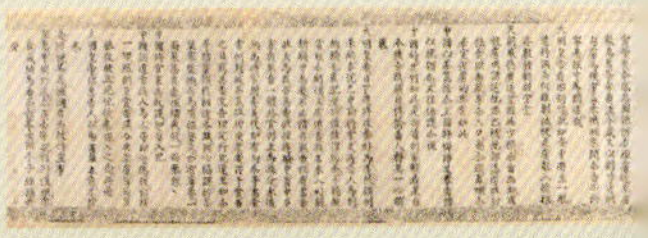

茶马互市布告

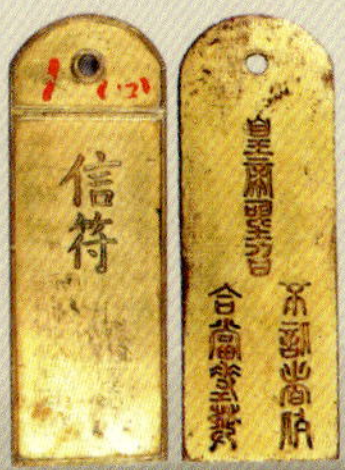

金牌信符

乐都柳湾墓地出土的裸体人像彩陶壶

同德宗日遗址出土的马家窑文化马家窑类型二人抬物彩陶盆

乐都柳湾墓地出土的鸮面罐

乐都柳湾墓地出土的彩陶靴

^ 玉树丁都普巴遗址　摄影/冶青林

^ 玉树丁都普巴遗址　摄影/更求仁青

玉树丁都普巴遗址

在青藏高原腹地的玉树市，丁都普巴洞穴遗址如同一部镌刻在岩层中的时间简史。考古证实，其形成时间不晚于 4 万年前，甚至可追溯至 4.5 万年前末次冰期，将人类在青海高原的活动史向前推至“冰河时代”。2023 年，考古团队在此揭开 10 平方米的“时空切片”，4.5 米深的堆积层中，火塘余温犹存，石器工具包（刮削器、尖状器等）与动物骨骼（羊、牛科等）层层叠压，勾勒出旧石器时代先民围火而居、狩猎采集的生存图景。

这一发现不仅填补了玉树地区万年人类活动空白，更以“简单石核—石片技术”印证了青藏高原早期，人类对极端环境的智慧适应。作为目前青海最古老的考古遗址，它如同一把钥匙，开启了高原古人类扩散、文化演进与环境互动的密码之门，为解码东亚现代人起源提供了关键拼图。

∧　喇家遗址　摄影/李松哲

∧　世界第一碗面　摄影/李松哲

第一碗面

2002 年在喇家遗址东区 F20 房址地面上，发现一个倒扣的陶碗，内有面条状遗存，外形与现今的拉面基本相同，这是目前所知最早的面条实物。

研究者从碗内厚约 6 厘米的沉积物中每隔 1 厘米取样，共提取六个部位的样品，三个取自面条状物所在部位，三个取自面条状物下的土层内。通过植硅体分析、淀粉分析和生物标志化合物分析等方法，综合判定面条的成分以粟为主，有少量的黍，这与植物考古学者据植物种子推测的喇家遗址齐家文化农业特征相吻合。

宗日遗址　摄影/佚名

夏尔雅玛可布遗址　摄影/张永

夏尔雅玛可布遗址

在青海都兰县巴隆乡的荒漠戈壁中，藏着一座跨越 3000 年的“文明十字路口”——夏尔雅玛可布遗址。作为诺木洪文化最大聚落，它以双重身份惊艳考古界：西北最大史前墓葬群（3228 座墓葬）与功能最完备的荒漠绿洲聚落。

考古探明，遗址面积达 25 万平方米，居址区发现三重石构城墙与铜冶铸遗存，墓葬区则遍布二次扰乱葬的“时空密码”——先民将逝者遗骸反复扰乱重葬，随葬品中彩陶与漆器辉映中原文明，红玉髓珠、海贝诉说丝路贸易。更惊人的是，这里出土的麦类作物与欧亚草原铜器，印证了青藏高原早期农牧交融的壮阔史诗。

这座“黄羊出没的河滩”，以青铜器上的纹路、骨笛的孔洞，凝结了古人征服高寒的智慧，成为解码高原文明起源的黄金密钥。

^ 血渭一号大墓 摄影/李松哲

^ 都兰热水古墓 摄影/白玛次成

∧ 虎符石匮 摄影/白玛次成

∧ 西海郡碑 摄影/白玛次成

西海郡

西海郡是汉代至隋唐间在青海湖流域设立的重要军政建制，始设于西汉王莽新朝（公元 4 年），治所龙耆城（今海晏县三角城）。其设立背景为王莽通过利诱羌人献地，将青海湖环湖地区纳入版图，设五县管辖，意图构建“四海归一”的疆域象征。郡城平面近方形，夯土城墙残高 4 米，出土“虎符石匮”铭文石刻，印证其作为边疆治理节点的地位。

西海郡军事功能突出，既是汉朝经略羌地的桥头堡，也是丝绸之路南线的重要补给点。新莽政权崩溃后，羌人反攻夺回故地，郡治多次废弃。东汉永元年间（102 年）短暂恢复屯田，后因羌乱再废。隋炀帝大业五年（609 年）于伏俟城（今共和县）复置西海郡，统辖吐谷浑故地，但仅存数年。唐朝贞观年间册封吐蕃赞普为“西海郡王”，赋予其政治名号而未实际建制。

西海郡故城遗址现为全国重点文物保护单位，出土石砌建筑基址与汉代简牍，显示其作为汉羌边疆冲突前沿的历史角色。其兴废与青海湖地区游牧政权更迭、中原王朝边疆政策紧密关联，是理解古代青藏高原与中原文明互动的重要坐标。

∧ 伏俟城遗址 摄影/冶青林

伏俟城

伏俟城，又称铁卜加古城，为鲜卑吐谷浑王国都城，北魏太和年间（5 世纪末）由夸吕可汗营建，位于今青海省海南州共和县石乃亥乡，东距青海湖约 7.5 公里。分内外两城，内城呈方形，边长约 220 米，夯土城墙基宽 17 米，残高 12 米；外城南北纵贯 1.6 公里，设多重壕沟与附属建筑群，出土绳纹瓦、盘口壶等遗物，这些遗物在形制、纹饰等方面兼具汉地风格与吐谷浑特色，印证其汉文化与吐谷浑传统交融的建制。作为丝绸之路南路枢纽，伏俟城扼守西域与中原通道，隋炀帝曾于此设西海郡，唐初为吐蕃所灭。其特殊形制——城内有城、外设多重防御，反映游牧政权对中原城郭制度的吸收与改造。2019 年考古钻探确认外城北墙及附属遗迹，出土“天”字瓦当等罕见文物，揭示其作为吐谷浑政治、军事核心的历史地位，现为全国重点文物保护单位。

^ 虎台遗址　摄影/许明远

虎台

虎台是东晋十六国时期南凉王朝（397年—414年）建于西宁的军事与祭祀遗址，南凉第三代君主秃发傉檀为太子“虎台”所筑，兼具阅兵、祭祀与政治象征功能。其主体为覆斗形夯土建筑，原高9层，现存台体高约30米，周长360米，底部边长40米，顶部边长13米，结构恢宏。据史料记载，台下曾陈兵10万，台上举行誓师与检阅，是南凉政权凝聚军心、威慑周边的重要据点。虎台选址西宁盆地中心，地势居高临下，可俯瞰三川交汇，兼具军事防御与政权宣示意义。

南凉灭亡后，虎台逐渐荒废，明清时期成为文人怀古之地，现存遗迹被现代城市环绕。考古发现，台周散布汉代砖瓦与柱础，推测顶部曾有佛寺或祭祀建筑。2013年列为全国重点文物保护单位，现为遗址公园，有南凉三王塑像、铜鼎铭文等展示设施。虎台承载南凉政权“尚武重农”的统治逻辑，其兴衰折射河西鲜卑政权在河湟地区的短暂崛起与崩溃，成为研究十六国时期军事、宗教与民族交融的关键实证。

∧ 青唐城遗址 摄影/许明远

青唐城

青唐城，始建于北宋景祐元年（1034 年），为吐蕃唃厮啰政权都城，位于今青海省西宁市南郊，控扼湟水流域要冲。其城“枕湟水之南，广二十里，旁开八门，中有隔城，分东西二城”：西城为政治中心，建有王宫、寺院及贵族宅邸；东城为商贸枢纽，汇聚西域、回纥、于阗等商旅，形成“市易用五谷、乳香、马牛”的繁荣市集。据《青唐录》载，城池规模宏大，经济地位堪比丝路重镇，其铠甲工艺尤为精湛，沈括《梦溪笔谈》称“青唐铠甲，冷锻如镜，五步外弓矢难穿”。北宋崇宁三年（1104 年），宋军攻占青唐，后因吐蕃诸部反扑弃守，金代短暂管辖，至明洪武十九年（1386 年）仅存北半部改建为西宁卫城。今存残垣约 300 米，现为青唐城遗址公园，融古迹保护与园林景观于一体，见证河湟千年沧桑。

^　门源岗龙石窟　摄影/吴文虎

门源岗龙石窟　摄影/马成云　>

∧ 明长城遗址　摄影/李松哲

< ∧　通天河流域岩画　摄影/仁青尼玛

^ 鲁丝沟岩画　摄影/许明远

^ 洪水川沟口岩画　摄影/蔡征

^ 卢森岩画　摄影/许明远

∧ 布由藏式碉楼　摄影/图登华

藝緣軒

騰蛟起鳳

玉皇阁

青海贵德玉皇阁位于青海省海南藏族自治州贵德县河阴镇，距省会西宁约 114 公里，是国家级文物保护单位。该建筑群始建于明万历二十年（1592 年），历经明清两代多次修缮扩建，现存建筑以清代风格为主，集儒、道、佛三教于一体，形成独特的文化景观。

玉皇阁主体建筑为三层砖木结构楼阁，通高 26 米，采用榫卯斗拱技术，基础台基高 1.4 米，砖包土筑正台基高 9.9 米。每层檐下设五踩斗拱，共 24 攒，青瓦歇山顶饰有吻兽，正脊中央以青狮、白象驮宝瓶为装饰，兼具北方建筑特色与地方工艺。内部三层分别供奉玉皇大帝（天）、土地神（地）和皇帝牌位（人），体现“天地人合一”的道教哲学思想。

整个建筑群占地 61 亩，包含玉皇阁、文庙、关岳庙、城隍庙等六组院落，现存大殿 11 座、钟鼓楼 4 座及明清壁画 62 平方米。其中文庙大成殿为九檩单檐歇山顶，面阔五间，是青海地区体量最大的文庙单体建筑；关岳庙过厅以密置斗拱和精美木雕著称，展现清代军事庙宇特色。周边现存明代贵德古城遗址，城墙周长 2278 米，夯土结构，现存东、西、北三面墙体，见证古代军事防御体系。

作为青藏高原较为鲜见的儒道文化交融合璧的建筑群，贵德玉皇阁融合了中原文化与少数民族建筑技艺，2001 年被列为全国重点文物保护单位，成为研究古代建筑、宗教融合及河湟文化的重要实物资料。

贵德玉皇阁　摄影/图登华旦

这个季节的流水清清
它记得阳光之刃
割断青春的束缚
从此亦歌亦舞
风雨无阻　昼夜不息
每个人都将通过梦幻
到达紫色的黎明

真实的儿子
离开历史的乳
农夫伸出全部的手指
叠加麦穗谷粒之上
幻化出新的世界
土地上船舶移动
你远望风帆饱满的村庄
我们共同获得
沧海桑田的感慨

湟源丹噶尔古城　摄影/李秉廷

∧ 乐都瞿昙寺 摄影/孙长斌

瞿昙寺

瞿昙寺位于青海省海东市乐都区城南 21 公里处，始建于明洪武二十五年（1392 年），由藏传佛教高僧三罗喇嘛创建，因朱元璋御赐“瞿昙”金匾而得名，是我国西北地区保存最完整的明代官式建筑群，被誉为“青藏高原小故宫”。寺院依中轴线布局，分前、中、后三进院落，依次排列山门、金刚殿、瞿昙殿、宝光殿、隆国殿等主体建筑，两侧对称分布钟鼓楼、配殿及回廊，完整再现了明代宫廷建筑的庄重格局。隆国殿为全寺核心，重檐庑殿顶形制为中国古建筑最高等级，殿内保存着宣德皇帝御赐的“隆国殿”金匾、明代金丝楠木“皇帝万万岁”鎏金牌匾及象征天地交融的三交六椀窗棂，其建筑规制与装饰细节皆彰显皇权威严。

瞿昙寺以“艺术三绝”闻名：一是壁画，总面积约 1700 平方米，80% 为明代宫廷画师绘制，涵盖佛本生故事与密宗题材，沥粉贴金工艺精湛。二是砖石雕刻，尤以象背云鼓石雕最为珍贵，红砂岩象身披缨络，项系铃铃，憨态可掬。三是木作艺术，如隆国殿窗棂的“狮子滚绣球”浮雕。寺内现存明永乐、宣德御碑 5 通，以及象牙佛珠、景泰蓝器等文物百余件，1982 年被列为全国重点文物保护单位。600 余年风雨中，瞿昙寺历经明代七帝敕封，曾为西宁地区政教合一行政中枢，其汉藏交融的建筑艺术与深厚的历史文化价值，成为青藏高原多民族文化互鉴的见证。

1615

抓革命促生产

青海原子城纪念馆　摄影/赵继建

3 铸剑昆仑

班玛沟的篝火仍在岩壁上跃动，峨堡镇的弹壳在月光下泛着青芒。我俯身触摸青藏公路的碎石，指缝间簌簌落下的砂砾，竟藏着半个世纪前铁锹与冻土撞击的震颤。

原子城上星站　摄影/赵继建

风穿过时光的肌理，捎来驼铃与汽笛的和鸣。1958 年的金银滩，荒原上突然绽放的帐篷像雪莲般盛开，归国学者在油灯下演算的草稿纸，化作昆仑山巅最圣洁的雪。当蘑菇云腾起在戈壁大漠，那些写满热爱和奉献字迹的笔记本上，还留着未竟的家书。

祁连山终年积雪的峰顶，是离银河最近的烽火台。当年红军战士绑腿上的泥泞，筑路工人冻裂的手掌纹，科学家望远镜里闪烁的星辰，都化作永不褪色的大旗，在海拔 4000 米处猎猎作响。唐古拉山口呼啸的风里，我听见铁轨与冻土相拥时的轰鸣——那是新时代的长征号角。

这片高原是精神的丰碑，用热血浇铸的碑文在阳光下闪烁：当我们在格桑花丛中欢笑时，每一片花瓣都盛着先辈们仰望过的星光。那些永远年轻的灵魂，已化作三江源的活水，在我们血脉里奔流不息。

班玛红军沟　摄影/白玛次成

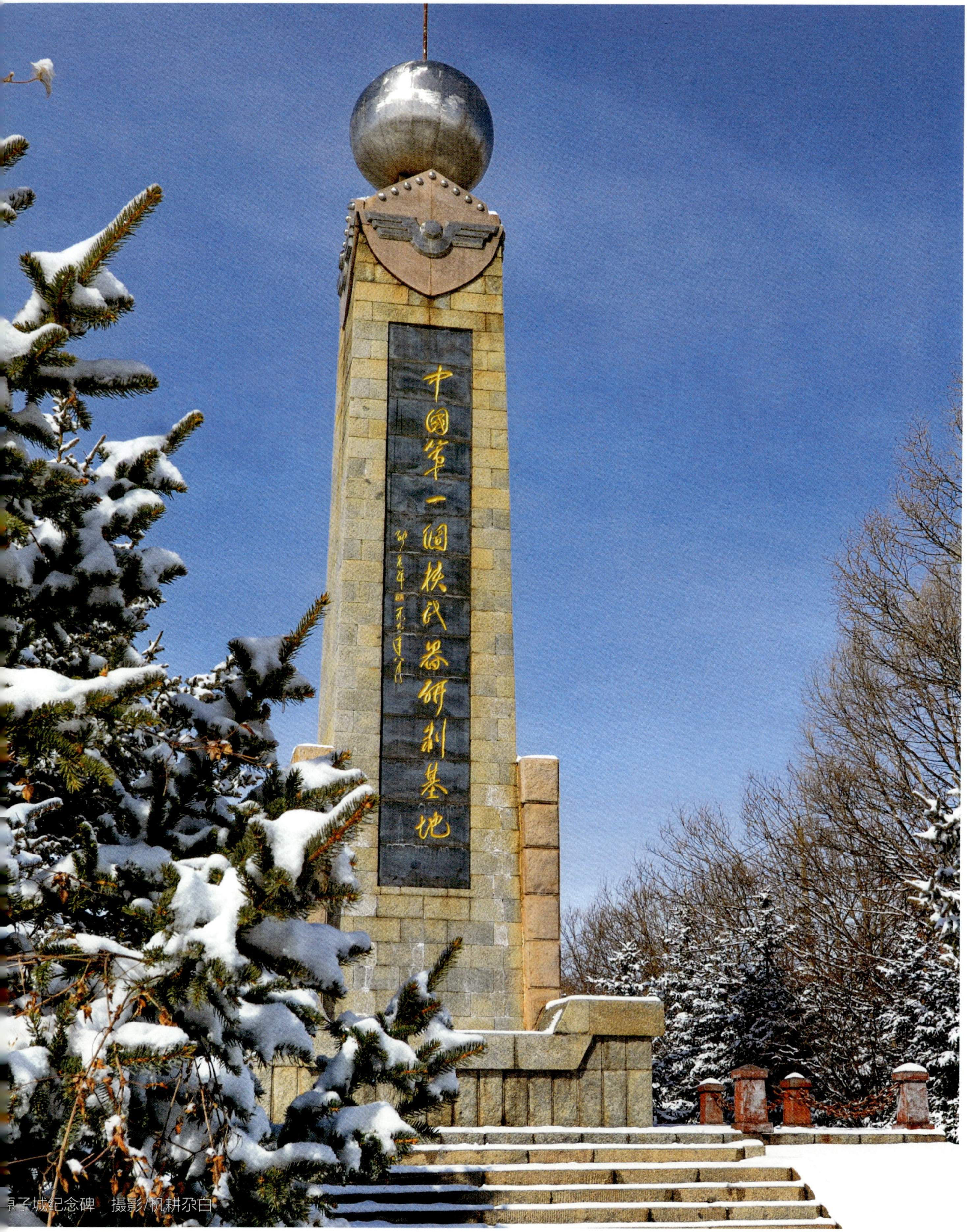

原子城纪念碑　摄影/机耕尕白

青海原子城纪念馆　摄影/赵继建

原子城爆轰试验场　摄影/张景元

班玛
红军沟
全国爱国主义教育基地

玛
班
中國工農紅軍第二方面軍
中國工農紅軍第四方面軍
班瑪縣紅軍溝
青海省愛國主義教育基地

班玛红军沟崖壁上留下的红军宣传语　摄影/白玛次成　>

∧ 西宁市中国工农红军西路军纪念馆　摄影/李松哲

∧ 祁连县红西路军和解放军二军纪念苑　摄影/苏金元

循化红光村红军小学　摄影/马国忠

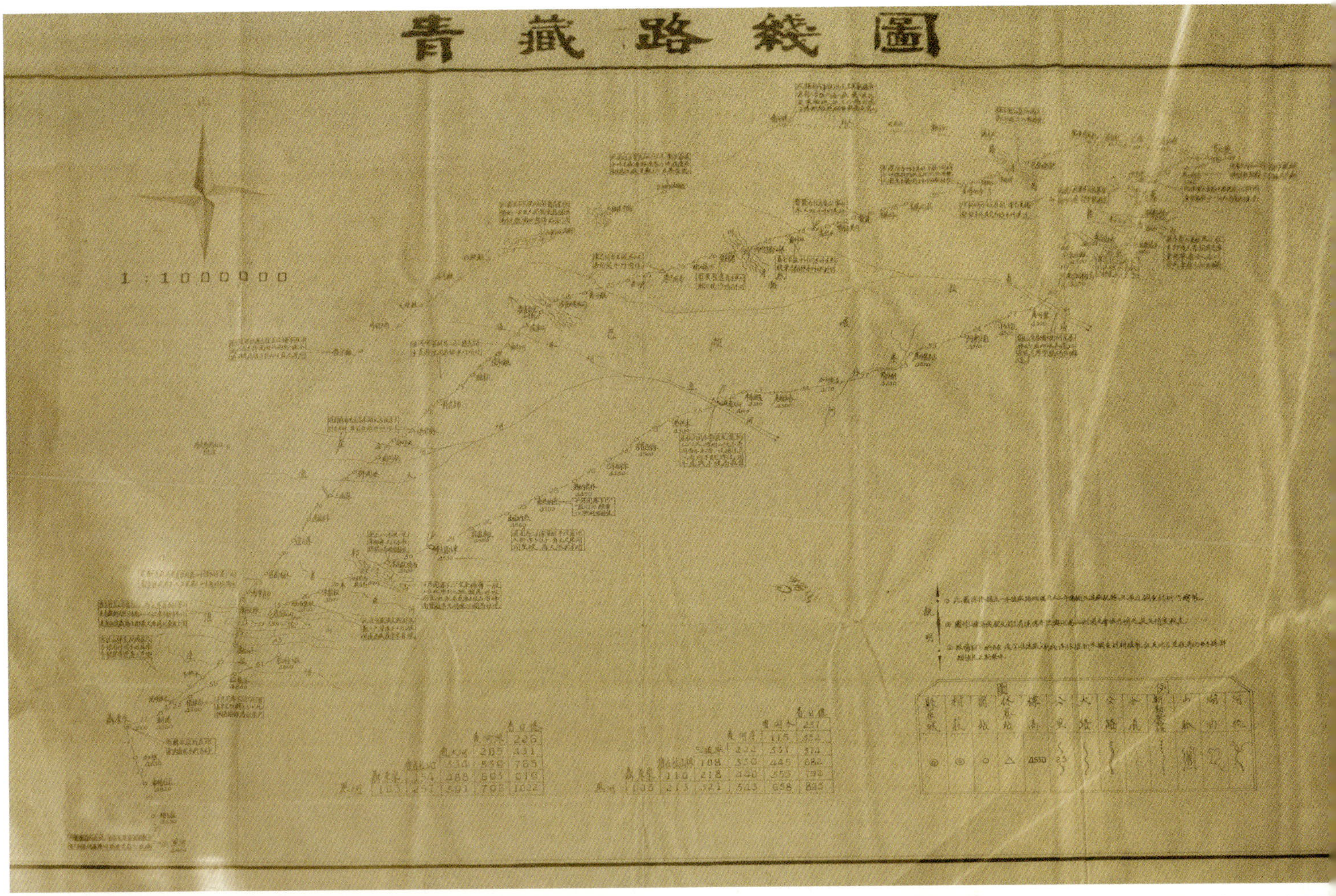

∧ 莫河骆驼场历史陈列馆 摄影/图登华旦

青藏公路

青藏公路是中国最早通车的进藏公路，始建于1950年，1954年12月通车，全长1937公里，平均海拔4000米以上，被誉为西藏“生命线”。东起西宁，西至拉萨，穿越昆仑山、可可西里、唐古拉山等山脉，沿途分布冻土区、沼泽、戈壁等极端地貌。1974年启动全面改建，首次在高寒冻土区铺设黑色沥青路面，采用填筑高路基、排水设施等技术防止冻土融沉，成为中国公路史上首个冻土区黑色路面工程。公路一期工程（西宁至格尔木段）1984年完成改建，设计时速60公里，日均车流量超3000辆。二期工程（格尔木至拉萨段）因高海拔施工难度极大，建设者以“先通车、后改善”策略推进。青藏公路年货运量超300万吨，同时串联青海湖、三江源等景观，成为自驾者挑战极限的“天路”。近年，实施路面修复与生态管护，增设氧气补给站与医疗点，保障行车安全。

青藏公路　摄影/李松哲

然　我每天置身于自然优美的意境
如雪峰林立　神鹰展翅
我必须专注于简单而枯燥的概念
如基础凝结的时间与风沙流动的速度

然　我时时倾心于神话悠远的传说
如八骏驾车　日行万里
我必须奔走在生硬而迫切的工序间
如风吹雨打的力量和钢铁水泥的强度

光的翅膀匆匆掠过　新的季节已经到来
和我铸造的铁路　沿着涌动的山脊
你的期待和报纸的头题中蜿蜒而来
过海拔　越过雪线　越过梦境

在你的注目和憧憬中绝尘而去
是一排勇气和心血的沃土里长大的树
是一排信念和劳动的火焰中铸造的剑
破青天　惊醒古老洪荒的寂静

长江源头第一桥　摄影/郭宗庆

青藏铁路

青藏铁路是中国新世纪四大工程之一，分两期建成，串联青藏高原与内地，被誉为“天路”。

一期工程（西宁至格尔木段）于 1958 年动工，1984 年 5 月通车，全长 814 公里，穿越柴达木盆地、昆仑山北麓等复杂地形。建设初期面临高寒缺氧、冻土不稳等难题，采用片石通风路基、桥梁代路等技术初步探索高原铁路建设路径，为二期工程积累经验。该段初期承担西藏 85% 的物资运输。

二期工程（格尔木至拉萨段）于 2001 年 6 月开工，2006 年 7 月全线通车，全长 1142 公里，穿越可可西里、三江源、唐古拉山等生态敏感区，最高海拔 5072 米，是世界上海拔最高的高原铁路。建设者攻克多年冻土、高寒缺氧、生态脆弱三大世界性难题，采用热棒固土、通风管路基等技术稳定冻土层；建立三级医疗体系应对高原病，实现 14 万工人零急性高山病死亡；设置 33 处野生动物通道，减少生态干扰。该段列车最高时速 100 公里，设置 45 个站点。后经多次扩能改造，2011 年实现复线电气化，2023 年“复兴号”动车组投入运营，成为青藏高原首条动车线路。年货运量超 5000 万吨，成为西藏经济命脉与国防通道。

玉树赛马　摄影/文德

4 石榴花开

青海是造物主遗落在高地的调色盘，也是文明经纬交织的锦缎。隆务寺的酥油灯在唐卡金线中摇曳时，热贡艺人正以矿物颜料与虔诚为笔，将民族文化拓印成斑斓的密码。六月会的舞步与经幡共振，於菟跳跃的足音，叩响千年傩仪与当代心跳的和声。塔尔寺堆绣的菩提叶在风里翻动经卷，玉树康巴汉子扬鞭时，雪域长调的颤音已混入江河涛声。

湟中社火　摄影/张福磊

河湟谷地的花儿漫过群山巍峨的穹顶，宴席曲的尾音环绕着土族轮子秋划出的银色弧线。撒拉族新娘的盖头被羊皮筏载过大河碧水，篱笆楼的木纹里仍嵌着骆驼泉边的月光。当果洛草原的马背藏戏拉开帷幕，《格萨尔》史诗的吟唱正与蒙古族那达慕的鹰笛和声，青绣娘子的针尖已绣完藏毯莲花，又挑起土族彩虹袖的丝线。

这片土地从未设置文化的界碑。酥油与盖碗茶在炕桌上相融，羊皮鼓与龙头琴在星空下协奏，转经筒与社火把共同转动着四季轮回。青海将民族大家庭的故事熬成昆仑玉的色泽，让每座神山圣湖都成为接纳差异的容器。当高原的风吹过塔尔寺的壁画、撒拉族的篱笆墙、蒙古包的天窗，所有文明的段落都在日光中结晶成盐——那是时光留给大地最晶莹的民族共同体宣言。

扎背钎　摄影/许明远

热贡六月会　摄影/陈锡萍

\ 六月会 摄影/白玛次成

热贡文化

青海热贡文化发源于黄南藏族自治州同仁市隆务河畔，藏语称“热贡”（意为“金色谷地”），是藏传佛教艺术的重要流派，以唐卡、壁画、堆绣、雕塑等为核心艺术形式。其历史可追溯至13世纪，融合了汉、藏、土等民族文化，形成了独具特色的艺术风格，2009年入选人类非物质文化遗产代表作名录。

热贡艺术以细腻的线条、浓艳的色彩和精湛的工艺闻名，唐卡采用矿物颜料绘制，堆绣以剪贴技法呈现立体浮雕效果，壁画则展现了藏族历史与宗教故事。此外，热贡六月会、土族於菟舞等民俗活动，以及《格萨尔》史诗等民间文学，共同构成了热贡文化的多元面貌。

作为国家级文化生态保护区，热贡文化通过“一户一岗”生态管护员制度、非遗工坊等模式，推动乡村振兴，年产值超百亿元，成为青海文旅融合的亮丽名片。如今，这座“金色谷地”正以传统技艺与现代创新，书写着文化传承与生态保护的协奏曲。

於菟　摄影/张海麟

唐卡　摄影/许明远

2 3 4

< 塔尔寺酥油花 摄影/李松哲

宏觉寺

宏觉寺，全称“宗喀大慈宏觉寺”，坐落于青海省西宁市城中区，是一座跨越千年的汉藏融合风格古寺。其历史可追溯至唐代文成公主进藏时期——公元 641 年，文成公主途经此地时筑土坛供奉释迦牟尼佛像，为寺院埋下最初的宗教根基。公元 9 世纪，藏传佛教高僧喇钦・贡巴饶赛在此土坛遗址上正式创建寺院，成为藏传佛教后弘期的重要发源地之一，推动了佛教在青藏高原的复兴。

明代永乐年间，朝廷敕赐“弘觉”寺名。清代六世班禅东行时曾驻锡于此五个月，与驻藏大臣及青海蒙古王公共商边疆事务，修订《钦定藏内善后章程》部分条款。1951 年 4 月，十世班禅率团赴京签署《十七条协议》前，在宏觉寺主持召开藏族各界人士座谈会，习仲勋作为西北局负责人专程前来接见，班禅在会上强调：“青海是汉藏交融的枢纽，我们定当遵循中央指引，维护祖国统一。”此次会面后，班禅从宏觉寺启程赴京，成为和平解放西藏的关键一步。1952 年班禅返藏前夕，习仲勋再次亲赴西宁送行，班禅在宏觉寺佛殿前向习仲勋赠送亲绘唐卡，上书“汉藏一家”，习仲勋回赠亲笔题词“团结进步”，两件文物现存寺院文物馆。

宏觉寺不仅是宗教圣地，更是民族团结的象征。寺院现存元、明、清藏文古籍和班禅行宫等文物，并设立中华文化书屋，推广国家通用语言文字，成为青海省民族团结进步教育基地。如今，寺院与繁华街市和谐共处，桑烟与市声交织，续写着古老信仰与现代文明交融的篇章。

塔尔寺艺术三绝

塔尔寺艺术三绝以酥油花、壁画、堆绣为核心，承载藏传佛教文化精髓，展现高原独特的艺术创造力。三绝技艺传承逾 400 年，以师徒口授心传为延续方式，既是宗教修行的载体，亦为藏汉艺术交融的见证，2006 年被列入国家级非物质文化遗产名录。

酥油花以高原牦牛奶提炼的酥油为材，经揉捏塑形、敷彩描金等工序制成佛教造像与场景雕塑。其创作需在低温环境中完成，艺僧以手部触冰保持酥油硬度，塑造出佛陀、飞天等精细形象。作品色彩明艳，立体感强，题材多源自《格萨尔》史诗等，兼具宗教叙事与艺术审美。

壁画以矿物颜料绘制于布幔或墙面，题材涵盖佛教教义、历史事件及民俗生活。技法融合唐卡细腻与工笔重彩，线条刚劲流畅，人物表情生动，背景以青山绿水、祥云纹饰烘托神圣氛围。大经堂内“十六罗汉”等作品，通过构图疏密与色彩对比，传递藏传佛教哲学思想，兼具装饰性与教化功能。

堆绣以绸缎、棉布裁剪佛像、花卉等图案，层叠堆砌后绣制成形，形成立体浮雕效果。技法分平剪堆绣与立体堆绣，代表作“十八罗汉”通过绸缎褶皱与金银线勾勒，展现衣纹质感与动态神韵。堆绣既保留刺绣的精细，又融入雕塑的体积感，成为寺院建筑与法会仪式中的视觉焦点。

塔尔寺堆绣　摄影/白玛次成

塔尔寺壁画　摄影/冶存荣

^ 西宁东关清真大寺 摄影/李松哲

、 格萨尔藏戏 摄影/依加

《格萨尔》

格萨尔》是发轫于青藏高原的英雄史诗，以岭国君主格萨尔降妖伏魔、护佑苍生为主线，融合神话、历史与宗教元素，形成跨越千年的宏大叙事传统。其核心架构分为“天界遣使下凡”“人间平定纷争”“地狱超度业果”三部分，通过格萨尔从天神之子到人间君王的历程，展现古代藏族社会的治理智慧与价值追求。

史诗文本由历史性、神话性、艺术性三类文类部件构成，早期吸收佛教叙事框架，后经民间艺人“仲肯”不断增衍，衍生出十八大宗、十八小宗等分支，形成百部以上的庞杂体系。其传播以口头说唱为主，说唱者凭借即兴创作能力，在藏、蒙古、土、裕固等民族中形成多语言版本，成为中华民族共享的文化遗产。

作为“活态史诗”，《格萨尔》的叙事具有开放性，艺人的表演可突破文本限制，融入地域文化与时代特征。其艺术表现融合唐卡绘画的视觉张力、藏戏表演的程式化语言，以及弹唱艺术的韵律节奏，塑造出格萨尔“抑强扶弱”的英雄形象，传递家国情怀、平等正义等普世价值。

历史上，《格萨尔》伴随茶马古道与朝圣活动，从青藏高原辐射至蒙古高原、帕米尔高原，形成跨国传播带。当代通过文本整理、非遗保护及影视改编，其文化基因持续赋能民族认同与艺术创新，成为研究古代高原文明与多民族交融的重要载体。

席曲展

请勿抛物
No Littering

国家级非物质 化遗产 —— 回族

当我是那失声的歌喉时
你就在我的身旁，你说
不要停顿，不要停顿
停顿中必有叹息，令萎靡者心惊

当我是那词穷的舞姿时
你就在我的身旁，你说
在寒冽的冷泉边　起舞吧
在五月的雨雪中　起舞吧

<table>
<tr><td>01</td><td>02</td><td>03</td></tr>
<tr><td>04</td><td colspan="2" rowspan="2">06</td></tr>
<tr><td>05</td></tr>
</table>

01　藏族服饰　摄影/才让当周
02　赛马会　　摄影/文　德
03　藏族服饰　摄影/许明远
04　藏族服饰　摄影/切　嘎
05　藏族服饰　摄影/赵金德
06　玉树歌舞　摄影/杨春林

01		04	06	07
02	03	05	08	09

01 回族宴席曲 摄影/马成云

02 青绣 摄影/顾海峰

03 回族口弦 摄影/马成云

04 回族服装秀 摄影/马成云

05 绣娘 摄影/马成云

06 撒拉族人家 摄影/马国忠

07 撒拉族婚礼 摄影/马 勤

08 羊皮筏子 摄影/马国忠

09 黄河抢渡赛 摄影/许明远

01 04

02 03 05 06

01 蒙古族摔跤手 摄影/马成云

02 转场 摄影/尕藏尼玛

03 摔跤 摄影/尕藏尼玛

04 蒙古族赛骆驼 摄影/毛峻英

05 花儿 摄影/马成云

06 草原上的宴席 摄影/乌席勒

01		04
02	03	

01 土族迎亲 摄影/盛加元

02 青绣 摄影/贺生胜

03 土族花儿 摄影/曹生渊

04 纳顿会首 摄影/祁步高

^ 皮影戏 摄影/陈跃生

∧ 乡村社火　摄影/曹生渊

海东社火　摄影/郭忠福

木家
Mu Ji

Bankqh
青海银行

CCB

西宁湟水河 摄影/李松哲

5 高原魂魄

青海的风承载着雪山的魂魄，在高原脊梁上镌刻文明的等高线。当慕生忠将军用铁锹掘开昆仑的冻土，当杰桑·索南达杰用生命筑起藏羚羊迁徙的通道，尕布龙用三十年染绿西宁南北两山的荒坡，吴天一将青藏铁路铺进血氧饱和度的极限——这些名字便化作唐古拉山口的岩石硬度，永远屹立在海拔5000米的精神高地之上。

< 西宁夜景　摄影/李松哲

高速公路切开阿亥达拉草原的碧浪，高铁载着门源油菜花的芬芳穿越隧道群，如同现代文明与游牧传统的缝合线。青海博物馆的彩陶纹路里，新石器时代的蛙纹正与数字展厅的全息影像对话；班彦新村的土族阿姑将青绣纹样织成太阳的光线，让古老图腾在清洁能源中重生。图书馆穹顶投下的光斑里，河湟两岸的童谣与量子物理的公式，正在同一张书桌上流淌。

酥油灯与霓虹灯在莫家街交替明灭，酿皮摊蒸腾的热气洇散了南北两山的脊线轮廓。手抓羊肉的香气漫过拉脊山隧道，牦牛酸奶的凝脂里沉淀着草原的四季。当塔尔寺的晨钟震颤青海湖的薄雾，青稞酒与拿铁咖啡正在玻璃幕墙内外完成两个世纪的干杯。

这片土地将沧桑酿成歌谣，把苦难锻造成勋章。从土族故土园的夯土墙到大数据中心的量子计算机，从玉树地震遗址的支撑架到三江源生态立法的槌音，青海始终以风的姿态奔跑——吹散茶马古道的尘埃，吹醒三江源的星河，托起希望，在每粒青盐每朵格桑花里，写下高原儿女对生命的赤诚注解。

青海大剧院　摄影/李松哲

打开你的诗卷是在冬天
光芒中，一个人画画，一个人写诗
其余的两个人放声高歌
歌词大意是山岳、河流、村庄和花朵

合上你的诗卷是在春天
时间在万千言语里颓然倾倒
而在苏醒的词汇中依次到来的
是露珠、月光、四季星辰和白域红颜

CMG
青海总站
中国铁塔
CHINA TOWER
城际酒店

票 务 中 心
Box Office
M-SHOW PARTY-K

< 杰桑·索南达杰烈士纪念碑 摄影/许明远

∧ 可可西里卓乃湖 摄影/布玛

杰桑·索南达杰：可可西里生态保护先驱，组建中国首支武装反盗猎队伍，12 次深入无人区打击盗猎分子。1994年 1 月 18 日，在可可西里无人区押送盗猎分子时，遭遇袭击，最终因寡不敌众，英勇牺牲。遗体被发现时，俯卧于 -40°C 的风雪中，右手仍保持扣动扳机的姿势，面部被冰雪覆盖形成冰雕，成为可可西里生态保护的永恒象征。被誉为“环保卫士”。

西宁南北山　摄影/李松哲

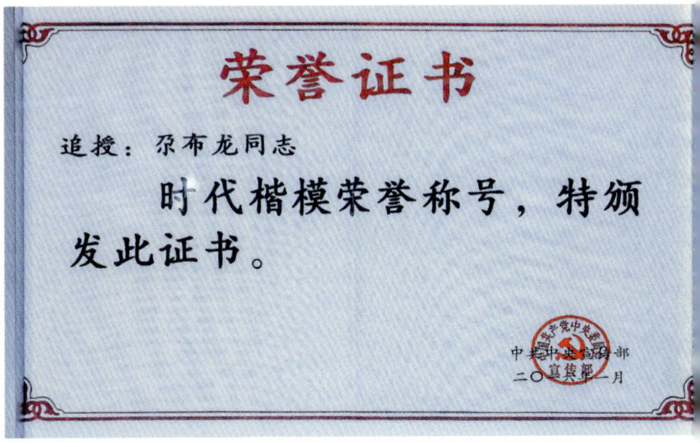
荣誉证书

追授：尕布龙同志

时代楷模荣誉称号，特颁发此证书。

中共中央宣传部

尕布龙：时代楷模，退休后担任西宁南北山绿化副指挥，带领群众植树造林数十年，获“母亲河奖用实际行动践行“绿水青山就是金山银山”理念。

^ 青藏铁路 摄影/赵金德

是天一：高原医学开拓者，制定青藏铁路高原病防治
标准，创造14万筑路工人无一人因高原病死亡的医学
奇迹，被称为“生命的保护神”。

01

02 | 03 | 04

01 西宁海湖体育中心 摄影/黎晓刚

02 西宁市图书馆 摄影/李松哲

03 青海民族大学 摄影/邹小庆

04 青海省科技馆 摄影/李松哲

^ 天路将军慕生忠　摄影/陈永年

慕生忠：作为“青藏公路之父”，他率领筑路大军在“生命禁区”建成世界海拔最高公路，树立“一不怕苦、二不怕死”的“两路”精神，并开发建设格尔木市，奠定城市雏形。

∧ 玉树巴塘机场　摄影/韩小龙

∧ 门源高速交通枢纽　摄影/王冀栋

高铁　摄影/马英健

西宁湟水路立交　摄影/黎晓刚

海东市夜景　摄影/盛加元

格尔木市夜景　摄影/王兵

黄河国际大酒店

^ 西宁一角　摄影/李松哲

^ 玉树市 摄影/文德

玉树新貌

玉树市位于青海省西南部青藏高原腹地，地处黄河、长江、澜沧江三江源头，平均海拔 4493 米，总面积 .57 万平方公里。作为玉树藏族自治州州府，其行政区域涵盖 4 个街道、2 个镇和 5 个乡，市政府驻结古街道。这座高原城市以畜牧业为主导产业，牦牛、藏羊养殖覆盖全市，同时发展青稞、燕麦等饲草种植，形成草畜联动循环经济模式。

玉树市地形复杂，西北部为高山峡谷，东南部为山原地带，951 座海拔 5000 米以上的山峰终年积雪。通天河、扎曲等河流贯穿全境，孕育了虫草、雪莲等 400 余种药用植物，以及雪豹、黑颈鹤等珍稀动物。旅游业年收入突破 3 亿元，藏族文化生态保护区建设带动非遗工坊、传统村落等文旅产业发展。

玉树市在经历 2010 年大地震后开启全面新生。通过系统性重建，城市基础设施实现跨越式升级，形成覆盖城乡的电网体系与路网网络，医疗教育设施完成现代化改造，初高中升学率与基层卫生服务覆盖率显著提升。生态保护成效突出，实施退牧还草与湿地修复工程，野生动物种群数量稳步恢复，三江源国家公园建设推动形成草畜平衡的可持续发展模式。城市功能持续完善，智慧管理平台实现环境监测与应急指挥集成化，清洁能源普及率达 100%。依托格萨尔文化、藏医药等特色资源，文旅产业与生态畜牧业协同发展，形成传统技艺与现代产业融合的经济结构。这座高原新城以生态为基底，正构建起传统与现代交织的高原特色发展体系。

^ 刚察县 摄影/于琳

班彦新村

班彦新村位于青海省海东市互助土族自治县五十镇，是六盘山集中连片特困地区易地扶贫搬迁的典型村落。2016 年以前，原村位于海拔 2700 米的沙沟山，村民面临行路难、吃水难等生存困境。通过整体搬迁至山脚公路旁，新村彻底解决了基础设施难题，家家通自来水，步行十分钟可达镇卫生院，幼儿园配备校车接送，村内道路全部硬化。

依托民族特色和生态资源，班彦村发展酩馏酒酿造、土族盘绣、乡村旅游等产业。酩馏酒坊年产值约 180 万元，带动十余户村民就业；盘绣园吸纳 145 名绣娘，人均年收入超万元，产品远销海外。光伏发电项目每年为每户增收约 2500 元，成为全省首个高原“零碳”乡村。2021 年班彦村获评“全国脱贫攻坚楷模”，2023 年村民人均年收入超过 1.4 万元，村集体经济累计达 256.5 万元。

如今的新村绿树成排，污水集中处理，养殖区与居住区分离。通过“生态农庄、采摘体验”模式，年接待游客超万人次，旅游收入突破 300 万元。村庄配套卫生室、文化广场等设施，成为青藏高原乡村振兴示范样板。

01 互助班彦村 摄影/田成才
02 尖扎德吉村 摄影/张海平
03 果洛藏贡麻村 摄影/蔡 征
04 长江源村 摄影/路生贵

格尔木市唐古拉山镇长江源村
牢记深情嘱托 决胜全面小康
共同繁荣发展

唐领盛世，道创未来，唐道·637居城之中心，聚夏都之灵，以国际化的休闲理念，引领都市生活潮流；以艺术化的消费环境，树立西宁文化旅游新地标。
雪豹之都．西宁
city WALK 微游西宁
万达广场
WANDA PLAZA
生活有1208022000种可能
大象城
1km
ROUTE－XINING
城市漫步路线·西宁

海湖唐道　摄影/许明远

青海美食

青海美食以高原物产为根基，融合多民族饮食智慧，形成粗犷与精致并存的独特风味。其主食以面食见长，酿皮以青稞面或小麦面浇炝辣子、蒜汁，酸辣筋道，承载着河湟谷地的烟火气；“狗浇尿”因烙制时沿锅浇油得名，金黄酥脆，就奶茶或卷炒菜，尽显民族饮食的质朴创意。手抓羊肉以清水煮制，仅用盐与花椒提鲜，肉质紧实无膻，体现高原生灵的天然馈赠。酸奶以牦牛奶发酵，表层凝脂厚实，酸香醇厚，成为解腻佳品。

特色小吃别具匠心：甜醅以青稞发酵，清甜带酒香，是高原版的“青稞酒酿”；焜锅馍馍卷菜籽油与香料，外脆内软，留存农耕文明的炭火记忆；洋芋百变，从焨洋芋到洋芋酿皮，演绎着“高原粮仓”的千般滋味。宴席文化中，老八盘汇聚牛羊肉、酥合丸等八类菜肴，融汇多民族饮食精髓，彰显待客之道。这些美食以高原气候为经纬，将牦牛、青稞、冷水鱼等物产转化为舌尖记忆，在酥油茶的氤氲与炕锅羊排的烟火中，书写着青藏腹地的生存哲学与生命礼赞。

青海美食

土火锅

羊肉串

肚包肉

羊肠

烤全羊

抓面

羊杂碎

牛杂碎

面片

焜锅馍馍

酸奶

盖碗茶

搅团

甜醅

青海拉面

酿皮

牦牛肉干

手抓羊肉

狗浇尿

馓子

山高水长

SHAN GAO SHUI CHANG

青海将大地的馈赠熔铸成新时代的密码，在产业革命中奏响山河的变奏曲。当察尔汗盐湖的蓝被分离成锂晶体的银色，柴达木的日光便有了金属的质地——世界级盐湖产业基地正以结晶塔为笔，在戈壁上书写新能源时代的元素周期表。而高大陆山巅旋转的风机，将季风锻造成绿色交响的琴弦；塔拉滩光伏矩阵折射阳光的镜面，让每一粒光子都成为点亮东方的火种。

青南草原深处，牦牛群如移动的嘛呢堆，驮着有机认证的藏羊肉走向冷链专列。黄河上游库区的三文鱼跃出水面时，将冷水鱼的银鳞织入国际生鲜版图。柴达木红枸杞在滴灌管网上涨成一片赤潮，而祁连山下的青稞田正将高原的纯净密码编进每一粒种子的 DNA。

生态旅游的经纬线正重新缝合这片土地。环大美青海国际公路自行车赛的轨迹与茶卡盐湖的镜面重叠，昆仑神话的叙事被解构成玉珠峰的登山路线。当全省旅游环线串起原子城的光荣与年保玉则的秘境，可可西里的藏羚羊与光伏矩阵的硅片，共同构成了新时代的生态图腾。

这片曾经以牧歌丈量时间的土地，如今正用绿电为长三角输送动能，以数据中心的算力解析黄河源的生态模型。青海将产业革命的浪潮驯化成高原的溪流，让每滴融雪都成为新质生产力的源泉——当一江清水浩荡东去，携带的不仅是三江源的澄澈，更是高原对美丽中国的庄严献礼。

察尔汗盐湖　摄影/马海清

世界级盐湖产业基地

依托察尔汗盐湖等资源富集区，通过技术创新与资源整合，形成钾、钠、镁、锂、氯五大产业集群。重点推进盐湖资源有序开发与绿色化利用，攻克低锂卤水提锂等关键技术，建成国内最大钾肥生产基地，为农业与新能源产业链提供战略支撑。产业布局涵盖盐湖资源分离提取、高值化利用及循环经济模式，形成“资源、能源、制造”闭环，成为保障国家粮食安全与新能源产业链安全的核心基地。

钾肥生产基地夜景　摄影/陈国云

^ 察尔汗盐湖盐花 摄影/陈跃生

^ 察尔汗盐湖采盐船 摄影/张景元

龙羊峡水电站　摄影/王国栋

国家清洁能源产业高地

青海省把沙漠产业与清洁能源有机结合，以“五位一体”模式推进光伏、风电、水电协同发展，2024年清洁能源装机占比达94%，清洁能源资源及清洁能源装机占比均居全国首位。建成了全国首条绿电大通道，持续释放绿电潜能，全年消纳绿电800亿千瓦时，累计外送清洁能源达260亿千瓦时，占全年外送电量的96%。绿电点亮北京大兴机场、杭州亚运会场馆，并向全国15个省市区源源不断输送绿电，支撑全国能源转型。同步发展绿色算力产业，利用冷凉气候与清洁能源优势，建成全国首个全清洁能源微电网算力中心，推动“源网荷储”一体化，为全国能源转型提供青海样本。

^ 风力发电 摄影/蔡征

∧ 光伏发电 摄影/邹小庆

光伏羊

光伏羊是青海塔拉滩光伏产业园内独特的生态经济模式产物光伏板阵列形成的阴影区为羊群提供遮阴，降低地表温度与蒸发量，促进荒漠植被恢复；羊群啃食杂草，既控制植被过度生长对发电效率的影响，又以粪便反哺土壤，形成“牧光互补”的良性循环。这一模式将清洁能源生产与畜牧业结合，减少人工除草成本，增加牧民收入，同时修复生态，使荒漠化土地逐渐恢复为草原绿洲。光伏羊的耳标标识系统实现个体溯源，推动养殖规范化，成为高原新能源与生态协同发展的典型范例。

格尔木光热互补电站　摄影/何启金

草原牧场　摄影/东智才让

绿色有机农畜产品输出地

依托青藏高原“超净区”生态优势，发展牦牛、藏羊、枸杞等特色产业，建立有机草原监测体系与全程溯源系统。通过“神奇柴达木”等品牌战略与冷链物流网络，推动农畜产品外销规模突破百亿级，实现生态价值与经济价值双赢。有机枸杞认证面积居全国首位，冷水鱼产量占全国 40%。青海牦牛肉、藏羊肉等实现供港、供澳准入，2024 年外销绿色有机农畜产品超 90 万吨。通过“农旅、电商”模式延伸产业链，建立质量追溯体系，覆盖 780 万头（只）牦牛藏羊，科技赋能下，农畜产品加工转化率达 62%，成为全国生态经济新增长极。

01 02 03 04

01　祁连藏羊　　摄影/李松哲

02　河南县牦牛　　摄影/尕藏尼玛

03　贵南藏黑羊　　摄影/路生贵

04　河南县欧拉羊　　摄影/张树洲

^ 龙羊峡三文鱼　摄影/肖玉珍

∧ 柴达木枸杞 摄影/路生贵

∧ 柴达木枸杞 摄影/许明远

采摘枸杞　摄影/林俊

^ 有机青稞种植基地　摄影/李凌

机青稞种植基地

养蜂业　摄影/许明远

羊肚菌　摄影/白玛次成

冬虫夏草

冬虫夏草是麦角菌科真菌寄生昆虫幼虫形成的复合体，冬虫夏草为其代表种，仅分布于青藏高原高寒草甸。真菌孢子侵入蝙蝠蛾幼虫体内，冬季后虫体僵化，次年夏季菌丝体破体而出形成子座。虫草含虫草素、多糖等活性成分，传统医学认为其具补肾益肺、止血化痰之效，但野生资源因过度采挖濒临枯竭。青海等地探索蛹虫草、蝉花等替代品种的人工培育，利用菌丝体发酵技术实现规模化生产。虫草贸易支撑高原牧民生计，但其生态价值与可持续利用仍面临保护与开发的平衡挑战。

^ 冬虫夏草 摄影/才让当周

^ 沙棘 摄影/许明远

马铃薯种植基地 摄影/李秉廷

藜麦产业　摄影/蔡征

藜麦

藜麦原产南美安第斯山脉，耐旱、耐盐碱，可在高海拔贫瘠土地种植，被誉为“超级谷物”。其种子含完全蛋白及9种必需氨基酸，脂肪中不饱和脂肪酸占比超80%，兼具粮食与保健功能。青海等地引入藜麦后，利用高原昼夜温差大、无污染的环境优势，培育出红、白、黑等特色品种。藜麦可替代主粮，制成粥、饭或加工为代餐粉，其低升糖指数特性适合现代健康饮食需求。规模化种植推动荒漠化治理，秸秆作为优质饲料补充畜牧产业，形成“粮饲双效”的生态农业模式。

国际生态旅游目的地

青海“国际生态旅游目的地”是以“三江之源、中华水塔”为核心定位，依托独特生态资源与多元文化禀赋打造的国家级生态文旅发展示范区。其空间布局以“一芯一环多带”为框架，即以青藏高原生态旅游大环线串联青海湖、三江源、祁连风光等六大协作区，结合世界屋脊与唐蕃古道两条生态廊道，形成覆盖全省的生态旅游网络。

青海拥有世界级生态资源，包括青海湖、茶卡盐湖、可可西里等标志性景观，以及三江源国家公园、坎布拉国家地质公园等自然保护地。这些区域不仅展现了冰川、草原、湖泊、荒漠等多样地貌，还承载着藏族、土族等民族文化及红色文化基因，形成“山水林田湖草沙冰”与人文交融的独特魅力。

青海将非遗传承、历史遗迹与生态体验结合，推出《大河之源》等文艺精品，开发红色旅游、乡村研学等特色线路。同时，借助数字平台举办国际生态旅游活动，提升品牌影响力。全省已建成160家A级景区、2个国家级全域旅游示范区，并成功创建青海原子城等国家5A级景区，为全球生态旅游发展提供了青海方案。

全国重点文物保护单位
塔 尔 寺

^ 西宁人民公园 摄影/蔡征

^ 边麻沟花海 摄影/陈跃生

∧ 新华联国际旅游城 摄影/李秉廷

∧ 卡阳新貌 摄影/王冀栋

∧ 大通老爷山 摄影/许明远

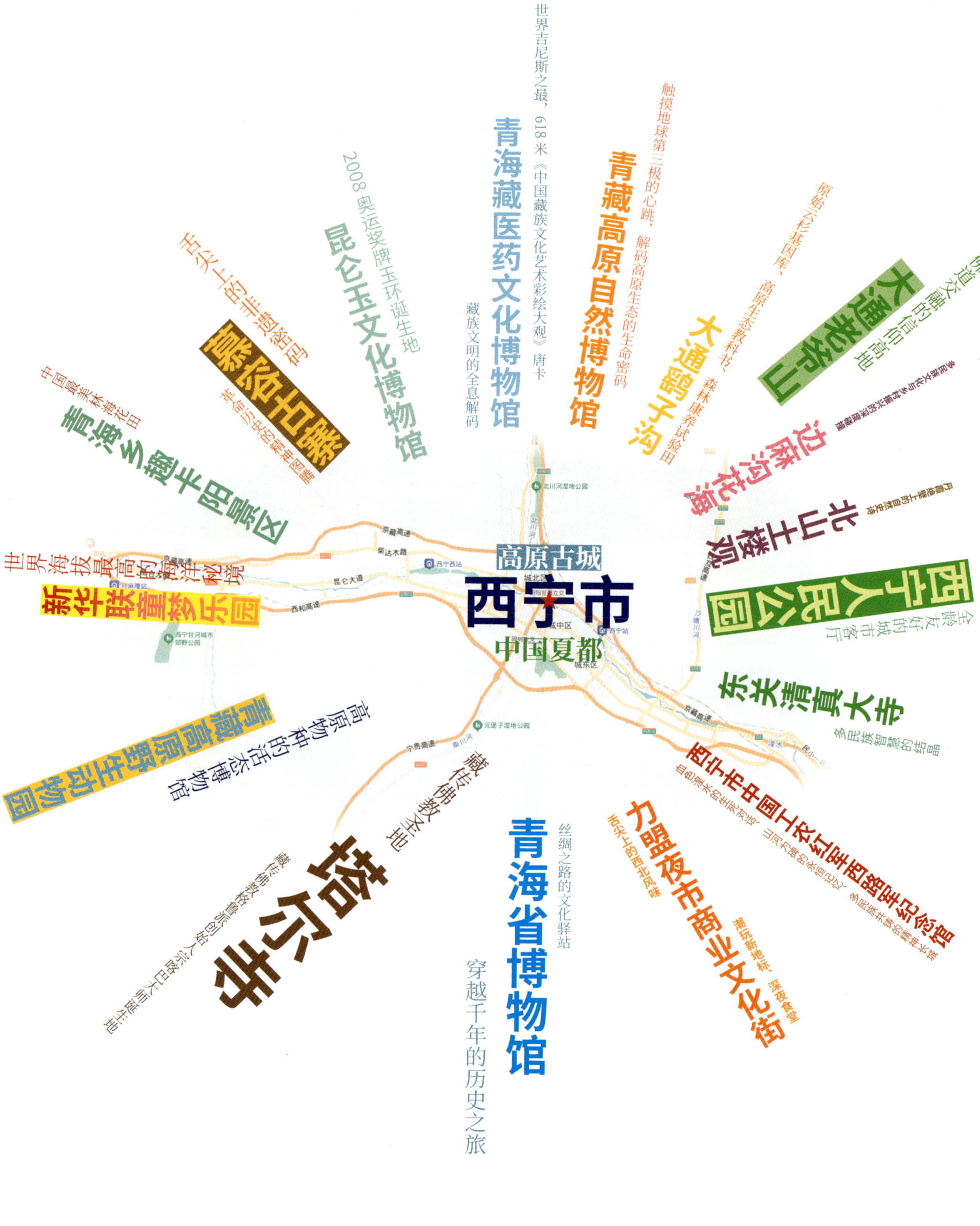
高原古城
西宁市
中国夏都
青海藏医药文化博物馆
世界吉尼斯之最，618米《中国藏族文化艺术彩绘大观》唐卡
藏族文明的全息解码
青藏高原自然博物馆
触摸地球第三极的心跳，解码高原生态的生命密码
大通鹞子沟
原始云杉基因库、高原生态教科书、森林康养试验田
大通老爷山
佛道交融的信仰高地
边麻沟花海
多民族文化与乡村振兴的深度碰撞
北山土楼观
丹霞绝壁上的自然史诗
西宁人民公园
全龄友好的城市客厅
东关清真大寺
多民族智慧的结晶
西宁市中国工农红军西路军纪念馆
血色湟水的生死对话、山河为碑的永恒记忆、多民族共铸的精神长城
力盟夜市商业文化街
舌尖上的西北风味
潮玩新地标、深夜食堂
青海省博物馆
丝绸之路的文化驿站
穿越千年的历史之旅
塔尔寺
藏传佛教圣地
藏传佛教格鲁派创始人宗喀巴大师诞生地
青藏高原野生动物园
高原物种的活态博物馆
新华联童梦乐园
世界海拔最高的海洋秘境
青海乡趣卡阳景区
中国最美林海花田
卓仓古寨
舌尖上的非遗密码
革命历史的精神图腾
昆仑玉文化博物馆
2008奥运奖牌玉环诞生地

塔尔寺　摄影/李秉廷

∧ 青藏高原野生动物园 摄影/李松哲

一芯：青海文旅的集成中枢

作为全省文旅发展的核心引擎，西宁市依托省会城市优势，构建起辐射全省的旅游服务网络。这里不仅是游客进出青海的门户枢纽，更是集交通中转、住宿餐饮、文化体验于一体的综合服务中心。西宁通过完善旅游基础设施，如扩建机场、优化高铁网络、提升酒店服务品质，成为连接青、甘、川、藏的旅游集散地。例如，西宁至海东都市圈一体化发展，推动形成跨区域旅游线路，串联塔尔寺、青海湖等核心景区。同时，西宁通过举办国际生态旅游节、非遗展演等活动，强化文化展示功能，将河湟文化、红色文化等元素融入城市文旅品牌，形成“以城带乡、城乡互动”的发展格局。

^ 青海省博物馆　摄影/白玛次成

^ 青藏高原自然博物馆　摄影/李松哲

^ 青海藏医药文化博物馆　摄影/许明远

^ 青海藏文化博物院　摄影/白玛次成

^ 北禅寺 摄影/李松哲

∧　慕容古寨　摄影/许明远

青海湖二郎剑景区　摄影/李斌　>

一环：高原生态旅游的黄金闭环

环青海湖生态旅游圈以青海湖国家公园候选区为核心，覆盖周边六县57个景区，形成串联自然与人文的闭合线路。青海湖作为世界自然遗产地，其“草湖田沙冰”复合景观与藏族民俗、观鸟研学等体验项目构成核心吸引力。环线以京藏高速、西和高速为骨架，串联共和县莲宝叶则、刚察县祭海台、海晏县原子城等节点，开发自驾、骑行、徒步等低碳旅游方式。例如，夏季环湖油菜花海与湖面倒影相映成趣，冬季冰上徒步活动吸引户外爱好者。该环线通过统一标识系统、智慧导览平台建设，实现“快进慢游”，并联动茶卡盐湖、祁连山等景区，形成高原生态旅游的示范性产品集群。

环大美青海国际公路自行车赛

环青海湖国际公路自行车赛始于2002年，是中国最早的国际职业公路自行车赛事之一，已连续举办23届。赛事以青海湖为核心，每年7月至8月举行，赛道穿越草原、戈壁、雪山等多样地貌，平均海拔超3000米，最高达4120米，被国际车手称为“魔鬼赛道”。2025年赛事实现全面升级，正式更名为“环大美青海国际公路自行车赛”。路线从传统环湖扩展至青海湖、祁连山草原、门源油菜花海等标志性景观，形成9个赛段、总里程超1500公里的骑行路线，首次串联起青海72万平方公里的生态画卷；参赛规模扩大至18个国家22支UCI认证职业队，包括多次征战环法的荷兰珍宝车队，赛事功能深化为“体育、生态、文旅”平台，配套骑行嘉年华、高原摄影展等活动，同步布局30个特色驿站和自行车训练基地，预计带动超10万游客参与。作为亚洲顶级赛事，其以高难度赛道和生态文化融合，持续展现青藏高原的自然魅力与可持续发展理念。

环大美青海国际公路自行车赛　摄影/杨金花

^ 青海湖诗歌广场 摄影/李晓俊

^ 中外诗人签名现场 摄影/邢玉春

青海湖国际诗歌节

青海湖国际诗歌节是中国诗歌学会与青海省人民政府于2007年联合创办的文化盛事，以“人与自然，和谐世界”为主题，每两年举办一次，现已成为全球最具影响力的七大国际诗歌节之一。诗歌节扎根于青藏高原的壮美山河与多元文化，通过诗歌艺术展现青海各族人民的时代精神，同时构建起跨越国界、种族和语言的对话平台。历届诗歌节汇聚了全球120多个国家和地区的千余名诗人，活动涵盖高峰论坛、诗歌朗诵会、金藏羚羊国际诗歌奖颁奖等环节。其中，2013年第四届诗歌节以“诗人的个体写作与诗歌的社会性”为主题，吸引48个国家的200余位诗人参与，通过思想碰撞，探讨诗歌在当代社会的使命。诗歌节还发布《青海湖诗歌宣言》、首创“青海湖诗歌广场”，镌刻《格萨尔王》《荷马史诗》等24部中外民族史诗雕塑，将自然景观与人文精神深度融合。

^ 同宝山　摄影/马海青

^ 仙女湾　摄影/皮国青

∧　湟鱼洄游　摄影/皮国青

∧　湟鱼洄游　摄影/许莫凡

湟鱼洄游

湟鱼，学名青海湖裸鲤，青海湖特有的珍稀冷水性鱼类，是维系青海湖生态平衡的关键物种。作为青藏高原生物演化的活化石，湟鱼承载着 13 万年进化的生存智慧。它们褪去鳞片以适应盐碱湖水，却在繁殖季循着基因记忆溯流而上——只有逆流穿越激流险滩，性腺才能在渗透压变化中成熟。每年暮春，青海湖支流入湖口泛起粼粼银光，百万尾青海湖裸鲤开启一场跨越生死的生命远征。

这些银白色的精灵逆着湍急水流，从咸水湖游向淡水河，在海拔落差数十米的河道中，用生命书写高原生态的奇迹。布哈河、沙柳河的玄武岩河床上，鱼群如流动的时光魂器，用胸鳍击穿亿万年形成的盐度屏障，只为抵达淡水产卵地，完成血脉传承。十万尾银白的胴体涌入河道，惊现出半河清水半河鱼的奇观，这既是大自然馈赠的视觉盛宴，更是一曲生命不屈的赞歌。

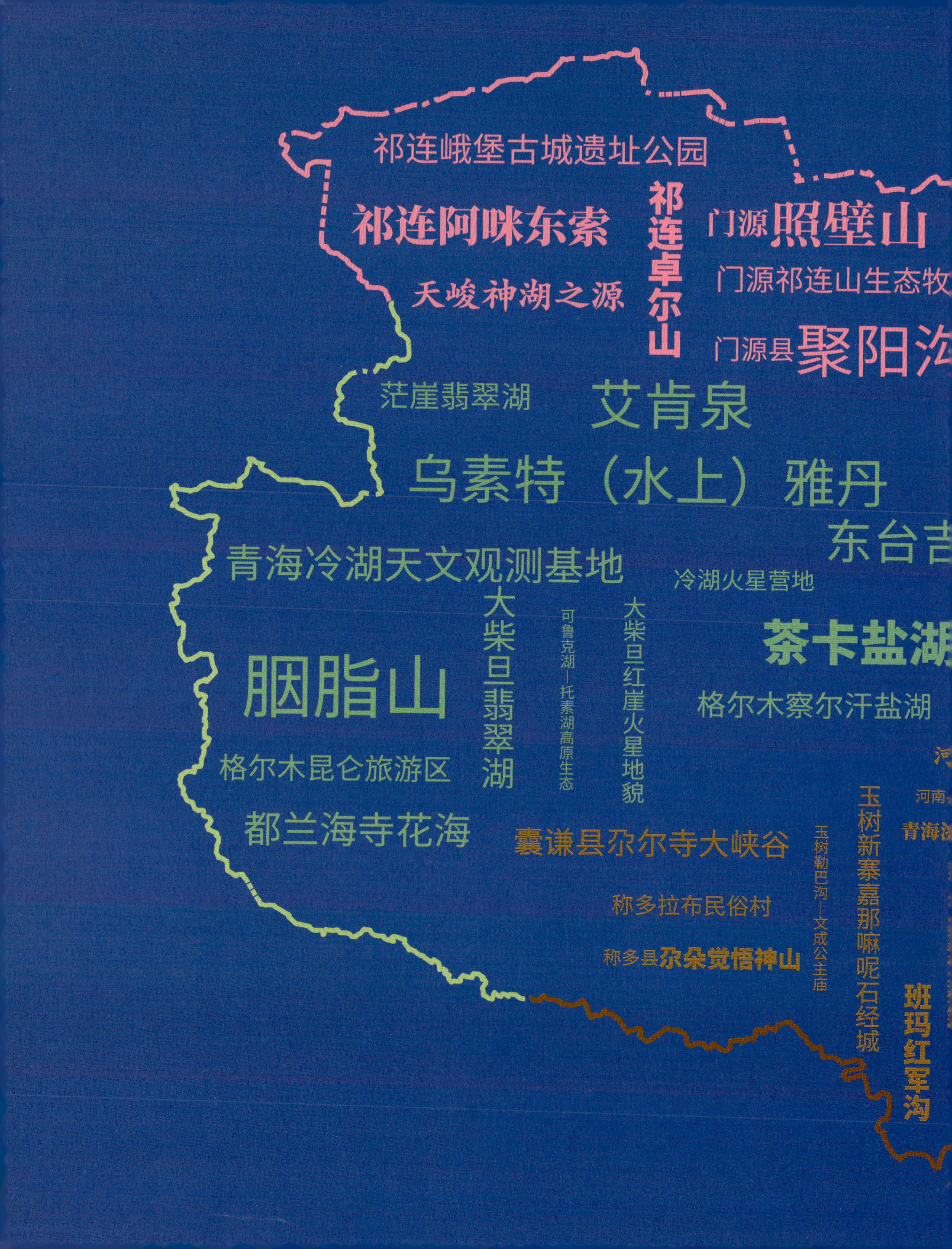
祁连峨堡古城遗址公园
祁连阿咪东索
天峻神湖之源
祁连卓尔山
门源照壁山
门源祁连山生态牧
门源县聚阳沟
茫崖翡翠湖
艾肯泉
乌素特（水上）雅丹
东台吉
青海冷湖天文观测基地
冷湖火星营地
大柴旦翡翠湖
可鲁克湖—托素湖高原生态
大柴旦红崖火星地貌
茶卡盐湖
胭脂山
格尔木察尔汗盐湖
格尔木昆仑旅游区
都兰海寺花海
囊谦县尕尔寺大峡谷
称多拉布民俗村
称多县尕朵觉悟神山
玉树勒巴沟—文成公主庙
玉树新寨嘉那嘛呢石经城
班玛红军沟

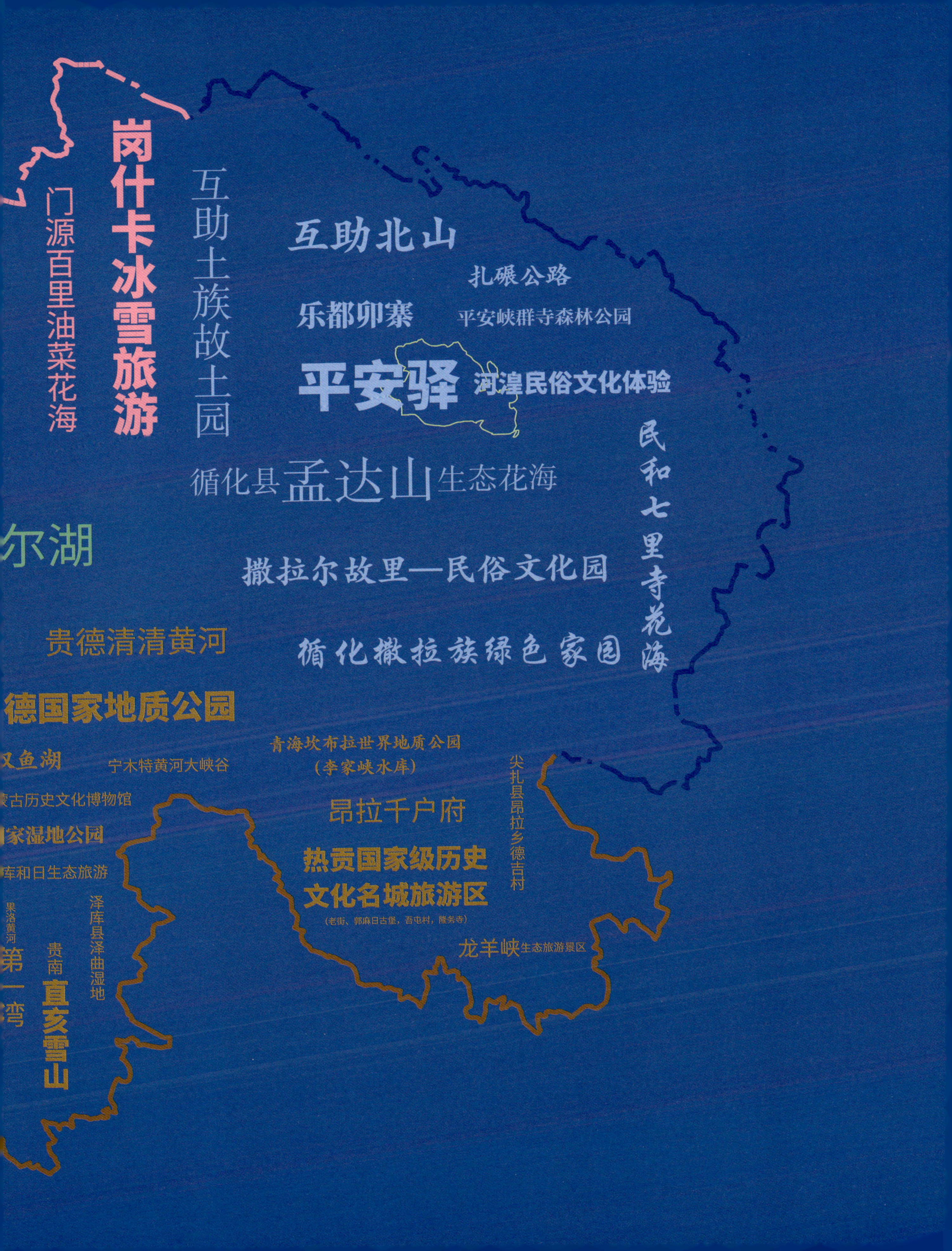

岗什卡冰雪旅游
门源百里油菜花海
互助土族故土园
互助北山
扎碾公路
乐都卯寨
平安峡群寺森林公园
平安驿
河湟民俗文化体验
民和七里寺花海
循化县孟达山生态花海
尔湖
撒拉尔故里—民俗文化园
循化撒拉族绿色家园
贵德清清黄河
德国家地质公园
青海坎布拉世界地质公园
(李家峡水库)
双鱼湖
宁木特黄河大峡谷
古历史文化博物馆
尖扎县昂拉乡德吉村
昂拉千户府
家湿地公园
热贡国家级历史
文化名城旅游区
(老街、郭麻日古堡，吾屯村，隆务寺)
库和日生态旅游
果洛黄河
第一湾
泽库县泽曲湿地
贵南
直亥雪山
龙羊峡生态旅游景区

清水湾　摄影/许明远

多带：生态与文化的立体拼图

青海依托地理与文化差异，规划八大主题旅游带，形成全域联动发展格局。这些线路通过差异化定位，覆盖摄影、研学、康养等多类客群，各带间通过铁路、公路无缝衔接，形成“串珠成链”的全域旅游网络

丝路南线：以格尔木、茫崖为节点，融合古丝路遗迹与现代工业景观，如冷湖火星营地、察尔汗盐湖

唐蕃古道：串联玉树、玛多，重现文成公主进藏历史，开发岩画探访、唐卡制作体验

西望昆仑：格尔木至茫崖段主打雪山探险，昆仑山口、俄博梁雅丹成为地质研学热点

陶韵河湟：西宁周边挖掘彩陶文化，湟中非遗工坊推出陶艺制作、土族盘绣体验

北进祁连：门源至祁连打造“雪山草原走廊”，结合油菜花海、阿柔大寺等资源

秘境热贡：同仁县聚焦唐卡、堆绣艺术，开发藏传佛教寺院深度游

清清黄河：贵德至尖扎段突出河谷生态，发展黄河漂流、丹霞摄影

极目江源：三江源国家公园开展生态科考，建设生态体验特许线路

平安驿　摄影/张海平

循化骆驼泉　摄影/刘芳

^ 青稞酒　摄影/曹生渊

^ 互助土族故土园　摄影/王有之

青海名小吃

土族风情园

土族风情园坐落于中国唯一土族自治县——青海互助土族自治县，是集中展示土族民俗文化、宗教信仰与地域特色的综合性文旅地标。园区以青稞酒酿造技艺、土族盘绣、纳顿节庆为核心，通过建筑、演艺、手作等多维度呈现高原农耕文明的独特魅力。

园内复原土族传统民居“庄廓院”，以夯土墙、雕花门楣展现“白色家园”的纯净美学；设青稞酒文化馆，展示从选穗到蒸馏的全流程，游客可体验“三杯三盏”敬酒习俗。非遗展区汇聚土族轮子秋、安昭舞、土族花儿等活态表演，春节期间更推出皮影戏、舞龙狮等民俗展演，与冰雪娱乐项目交织出冬春文旅盛景。

风情园深度开发文化IP，推出“非遗工坊体验课”，游客可亲手制作七彩袖服饰、土族刺绣，或参与青稞酒酿制。依托“彩虹故乡”品牌，园区借力新媒体传播，以短视频、直播等形式展现土族婚礼、祭山神等原生仪式，成为连接传统与现代的非遗活化样本。其“民俗、生态、研学”的运营模式，持续赋能乡村振兴与民族文化传承。

互助彩虹部落土族园　摄影/官春明

青稞酒

青海青稞酒酿造传统植根于青藏高原独特生态，以青稞为核心原料，依托高海拔冰雪融水、无污染矿泉及昼夜温差形成的微生物环境，形成“清蒸清烧四次清”非遗古法工艺。其酿造遵循四季时序，春酿柔顺、夏酿醇厚、秋酿净爽、冬酿绵甜，全年不间断生产，经1815道质量检测方成佳酿。

天佑德青稞酒承袭600余年酿造文脉，肇始于明洪武年间“天佑德酒作坊”。1952年，整合当地大小酒坊，在天佑德酒作坊地址上组建国营互助青稞酒厂，逐步发展成为今日的青海互助天佑德青稞酒股份有限公司。公司为农业产业化国家重点龙头企业，被誉为“中国青稞酒之源”。2005年企业完成经营改制并实现快速发展，2011年成为青稞酒行业首家上市公司。企业以“种酿合一、曲粮合一、岩木合一、天人合一”理念，保留手工制曲、花岗岩窖池发酵等传统技艺，同时引入智能装甑机器人等现代技术，实现年产1.5万吨产能。其产品涵盖“天佑德”“八大作坊”等系列，获“中华老字号”“中国青稞酒之源”等称号，并推动青稞酒酿造技艺列入国家级非遗名录。

互助北山胡勒瀑布　摄影/李松哲

^ 扎碾公路 摄影/王冀栋

^ 民和七里寺花海 摄影/于江

互助十二盘　摄影/李秉廷

李家峡水库　摄影/李秉廷

宁木特黄河大峡谷　摄影/许明远

^ 河南县双鱼湖　摄影/赵继建

贵德黄河　摄影 / 邹小庆

天下黄河贵德清

黄河在贵德县以“清”名世。自龙羊峡奔涌而出的黄河水，经70余公里平缓河谷沉淀，河床多岩石构造，加之高原湿地天然过滤，终成“天下黄河贵德清”的奇观。河水澄澈如碧玉，倒映丹霞赤壁与白杨林带，形成“河走青龙，崖披丹霞”的塞上江南画卷。这片土地承载着厚重的生态智慧：芦花湾水生态公园通过尾水净化工程修复湿地，构建“水、草、鱼、鸟”共生系统；河阴镇民众定期清理河道，让“河湖长制”筑牢生态防线。2000年，钱其琛视察时挥毫题写的“天下黄河贵德清”，更将这份清流升华为文化符号——黄河少女雕像手捧秀发立于岸边，玉皇阁与古城墙静守千年，丹霞峡谷与明代长城在此“同框”，共同诉说着自然馈赠与人文守护的故事。如今，贵德以“高原小江南”的姿态，将清冽黄河水与多元文化景观编织成生态旅游名片，成为黄河流域高质量发展的鲜活注脚。

^ 贵德阿什贡丹霞　摄影/邹小庆

龙羊峡水库 摄影/许明远

果洛草原　摄影/石占果

^ 久治门堂黄河女儿湾 摄影/图登华旦

^ 达日狮龙宫殿 摄影/切嘎

^ 玉树曲日瀑布　摄影/切嘎

^ 玉树新寨嘛呢石堆　摄影/许明远

新寨嘛呢石堆

新寨嘛呢石堆位于青海省玉树藏族自治州结古镇新寨村，是世界上规模最大的藏传佛教石刻群。这座嘛呢石堆始建于 18 世纪初期，由藏传佛教高僧嘉那活佛发现自然显现六字真言的嘛呢石后发起修建，经过近 300 年持续堆积形成。信徒们将刻有佛像、经文或吉祥图案的石块不断添加到石堆中，逐渐形成占地约两个足球场大小的巨型石经城。石堆现存数十亿块刻石，包含佛经、佛像、六字箴言等宗教元素，其中部分石刻长达数米，工艺精湛。主体建筑群包括一座大转经堂、十座转经筒和佛堂，每日有信徒沿顺时针方向绕行祈福。每年农历十二月十四日至十六日，周边藏族民众会聚集于此举行转经、献石和歌舞活动，形成盛大的宗教集会。

∧ 尕朵觉悟山 摄影/文德

囊谦尕尔寺　摄影/李昱鹏

∧　囊谦麦曲达那寺　摄影/许明远

^ 茶卡盐湖　摄影/蔡征

茶卡盐湖

茶卡盐湖位于青海省海西蒙古族藏族自治州乌兰县茶卡镇，地处柴达木盆地东部，是高原卤水型盐湖。其形成源于青藏高原隆起过程中残留的海水积存，湖面海拔 3059 米，面积 105 平方公里，盐层厚达 9.68 米，已开采 3000 余年。盐湖以“天空之镜”闻名，湖水清澈如镜，倒映天光云影，冬季结晶盐层如雪原覆盖。景区保留工业遗产，如百年铁轨、采盐船，开发小火车观光与盐雕艺术，兼具自然奇观与人文体验。盐晶含矿物质，呈青黑色，称“青盐”，可入药，储量丰富，支撑地方经济与生态保护。

∧　茶卡盐湖　摄影/许明远

茶卡盐湖　摄影/邹小庆

都兰洪水川　摄影/李松哲

察尔汗盐湖　摄影/孙亮

^ 东台吉乃尔湖　摄影/芦苇兴

、翡翠湖　摄影/许莫凡

∧ 昆仑山大峡谷 摄影/何启金

茫崖翡翠湖

沿着315国道向青海深处行驶，茫崖翡翠湖像一块被风沙磨砺过的碧玉突然撞进视野。这个藏身于戈壁深处的人工盐湖，26平方公里的水面被分割成深浅不一的盐池，阳光穿透稀薄的云层，在盐卤浓度各异的池水中折射出翡翠、青碧、鹅黄等斑斓色彩。灰白的盐结晶铺就的小径蜿蜒其中，踩上去发出细碎的“咯吱”声，恍若踏雪而行。远处雪山在薄雾中若隐若现，倒映在近乎透明的湖水里，天地间的冷峻与瑰丽浑然一体。偶尔有红衣的旅人驻足盐滩，与身后层叠的盐田构成神奇瞬间，而更多的时候，这里只有风掠过盐粒的“沙沙”声和“大地之树”在卤水中舒展的波纹。

昆仑大峡谷

昆仑大峡谷位于昆仑山脉北麓，由万年冰川融水侵形成，全长12公里，最深处50米。峡谷分为大峡谷羚羊谷、雪山峡谷三区，崖壁陡峭，谷底溪流蜿蜒夏季融水形成水上峡谷景观。其地貌因板块碰撞与川作用塑造，保留海洋沉积痕迹，岩层呈波浪状。谷内空气纯净，气温低于外界，溪水源自冰川，无染且极寒。游客可涉水穿越狭窄谷道，或沿崖壁步俯瞰壮景。作为未深度开发的秘境，其原始性吸引险者，展现昆仑山亿万年地质变迁的沧桑。

艾肯泉　摄影/许明远

艾肯泉

艾肯泉位于青海省茫崖市花土沟镇，海拔约 3000 米，是地热喷泉，直径 10 余米，水温恒定 30℃。因含硫量高，泉水腐蚀周围土地，形成红褐色环带状沉积，空中俯瞰如“大地之眼”。泉眼位于地质断裂带，由地下热水与矿物质喷涌形成，周边寸草不生，沼泽遍布。长期侵蚀使岩石疏松，形成独特地貌，盐碱地与红黄色沉积交织。近年修缮道路后开放旅游，无人机拍摄其奇幻景观，兼具地质科研与探险价值，成为高原戈壁的标志性自然奇观。

俄博梁雅丹地貌　摄影/曹生渊

茫崖土星环　摄影/许明远

茫崖土星环

在青海省海西蒙古族藏族自治州茫崖市境内，一片形似外星文明印记的奇特地貌静卧于戈壁深处。这片被称为“土星环”的地质奇观，由十余个同心圆状环带构成，最大直径逾千米的环形沟壑与土星环的旋纹惊人相似，阳光投射下，石膏结晶形成的银色纹路在赭红色雅丹岩壁上若隐若现，宛如凝固的时空波纹。

地质学家通过实地勘测发现，这些环带诞生于 200 万年前的地质剧变。新近纪河湖相沉积地层在板块挤压下形成短轴波纹状结构，水平岩层被抬升至地表后，遭遇西北风带的万年雕琢——抗风化能力较强的含盐岩层与疏松土质在差异剥蚀中形成同心圆结构，石膏碎片在环形边缘凝结成闪烁的“钻石线”，勾勒出跨越时空的地质史诗。

青海冷湖天文观测基地　摄影/何启金

孤独星际酒店　摄影/何启金

^ 大柴旦红崖火星地貌景区　摄影/张清哲

冷湖胭脂山　摄影/许莫凡

远道而来，无力回报你始终如一的惦念
我只能将你想象成梳着好看发辫的姑娘，身穿
亲手编织的毛衣，胸前织满漫不经意的图案
一直笑到深夜，温柔的山脊涌来涌去

远道而来，我在人群中注目、在胭脂堆中寻觅
那与你短暂厮守、默默苍老的铜铃和经卷
倾听胭脂的秘语和黑独山的沉默，倾听你的
欢乐和忧伤，然后带着时间的骨头重新出发

岗什卡雪峰　摄影 / 包雷

岗什卡冰雪经济

冰雪经济是以冰雪资源为核心，融合运动、文化、装备及旅游等产业的生态型经济模式，具有低能耗、高效益特征，旨在将自然禀赋转化为发展动能。岗什卡冰雪经济以独特的高原冰雪资源为核心，依托海拔 5254.5 米的岗什卡雪峰，开发滑雪、登山、冰瀑观赏等特色项目，打造集运动体验与自然观光于一体的冰雪场景。景区内，滑雪场配备专业设备租赁和教练服务，七彩冰瀑结合灯光秀形成奇幻景观，非遗展演、牦牛肉火锅宴等民俗活动，让游客感受地域文化魅力。冰雪旅游的火热带动周边农牧民增收，通过参与驮运物资、向导服务、手工艺品销售及餐饮经营，实现“冬闲”转“冬忙”。同时，景区完善基础设施，优化徒步线路，推出马帮驮运、雪地摩托等特色体验，并借助影视 IP 和明星效应扩大影响力，推动“冷资源”持续转化为“热经济”，为高原生态旅游注入新活力。

越野漂移　摄影/白玛次成

徒步　摄影/马志庆

高铁穿越花海　摄影/马成云

^ 门源照壁山　摄影/马成云

^ 门源聚阳沟　摄影/许明远

∧ 岗什卡七彩瀑布　摄影/邹小庆

可可西里太阳湖　摄影/布琼

而我只看见流云、劲风和逐渐冰凉的九月
而我只看见玻璃、镁光和容易褪色的红纱巾
而我只听见车鸣、惊叹和一只细腰的蜻蜓
在两列火车的间隔中接近你秘密的季节

远道而来，我与你的洁白无瑕和广阔无垠相逢
如虔诚的信徒，甘愿被你悠久的瑰丽优雅引领
在接近湖心的地方，我看到由单纯和单纯决定的美
美的浓度过高，几乎能听到琥珀与琥珀低沉的吼叫

参考文献 CAN KAO WEN XIAN

1. 程起骏著:《瀚海天堂柴达木》，青海人民出版社 2014 年版。
2. 唐韵著:《秘境青海》，青海人民出版社 2014 年版。
3. 李万华著:《焰火息壤·柳湾彩陶》，青海人民出版社 2015 年版。
4. 梅朵著:《三江圣境·玉树》，青海人民出版社 2015 年版。
5. 冶生福编著:《花儿之乡·大通》，青海人民出版社 2016 年版。
6. 牧子著:《灵动天境·祁连》，青海人民出版社 2016 年版。
7. 才登著:《百里花海·门源》，青海人民出版社 2016 年版。
8. 罗子云著:《尊道贵德·大河关》，青海人民出版社 2016 年版。
9. 唐涓著:《佛境梵韵·隆务寺》，青海人民出版社 2016 年版。
10. 耿占坤著:《绿度母的化身——青海湖》，青海人民出版社 2016 年版。
11. 陈新海著:《五彩家园·河湟谷地》，青海人民出版社 2016 年版。
12. 刘玉峰著:《布哈河》，青海人民出版社 2016 年版。
13. 唐荣尧著:《一滴圣蓝·青海湖》，青海人民出版社 2016 年版。
14. 崔永红、张得祖、杜常顺主编:《青海通史》，青海人民出版社 2017 年版。
15. 陈元魁著:《青海味道》，青海人民出版社 2017 年版。
16. 毕然著:《舞行丝路——从长安到地中海》，青海人民出版社 2017 年版。
17. 李言统、李健胜著:《风物青海道》，青海人民出版社 2017 年版。
18. 李健胜、董波著:《刻写青海道》，青海人民出版社 2017 年版。
19. 张效科、刘德铭著:《复兴青海道》，青海人民出版社 2017 年版。
20. 崔永红主编:《文成公主与唐蕃古道》，青海人民出版社 2017 年版。
21. 贾文清著:《老西宁记忆》，青海人民出版社 2017 年版。
22. 卢一萍著:《走向高原》，青海人民出版社 2018 年版。
23. 斯琴夫、郭国庆著:《金色世界·德令哈》，青海人民出版社 2018 年版。
24. 谢佐、谢宏虹著:《高原小故宫·瞿昙寺》，青海人民出版社 2018 年版。
25. 马晓晨著:《天路桃源·民和》，青海人民出版社 2018 年版。
26. 冶存荣著:《塔尔寺艺术三绝》，青海人民出版社 2018 年版。
27. 古岳著:《巴颜喀拉的众生——藏地的果洛样本》，青海人民出版社 2018 年版。
28. 李文实著:《西陲古地与羌藏文化》，青海人民出版社 2019 年版。
29. 白渔著:《唐蕃古道》，青海人民出版社 2019 年版。
30. 柳春城著:《喇家》，青海人民出版社 2019 年版。
31. 张扬著:《大美青海非遗记录丛书——於菟》，青海人民出版社 2019 年版。
32. 巴依斯哈力、斯琴夫著:《大美青海非遗记录丛书——祭敖包》，青海人民出版社 2019 年版。
33. 郭成良著:《大美青海非遗记录丛书——高台》，青海人民出版社 2019 年版。
34. 马光星著:《大美青海非遗记录丛书——纳顿》，青海人民出版社 2019 年版。
35. 唐涓、李万华编著:《影响中国 70 年·青海卷》，青海人民出版社 2019 年版。

36. 龙仁青著:《高原上的那些花儿》，青海人民出版社 2019 年版。
37. 龙仁青著:《高原上的那些鸟儿》，青海人民出版社 2019 年版。
38. 王宗仁著:《青藏线》，青海人民出版社 2019 年版。
39. 陈启文著:《中华水塔》，青海人民出版社 2020 年。
40. 王宗仁著:《可可西里的动物精灵》，青海人民出版社 2020 年版。
41. 赛炳文著:《大碗传奇：牛肉面传》，青海人民出版社 2020 年版。
42. 李旭著:《茶马古道：从横断山脉到青藏高原》，青海人民出版社 2020 年版。
43. 古岳著:《源启中国：三江源国家公园诞生记》，青海人民出版社 2020 年版。
44. 辛茜著:《永远的尕布龙》，青海人民出版社 2020 年版。
45. 崔永红著:《丝绸之路青海道史》，青海人民出版社 2021 年版。
46. 葛玉修著:《嗨！中华对角羚》，青海人民出版社 2021 年版。
47. 戴燕著:《慕生忠与青藏公路》，青海人民出版社 2022 年版。
48. 古岳著:《杰桑・索南达杰》，青海人民出版社 2022 年版。
49. 马海轶、陶锋、杨玉婷、庞子麟著:《解码四分厂》，青海人民出版社 2022 年版。
50. 周存云著:《河湟笔记》，青海人民出版社 2022 年版。
51. 徐晓光著:《大江源记》，青海人民出版社 2022 年版。
52. 姜峰著:《走过青海》，青海人民出版社 2022 年版。
53. 梅卓、马非主编:《红色青海》，青海人民出版社 2023 年版。
54. 耿占坤著:《走进长江源》，青海人民出版社 2023 年版。
55. 葛建中著:《云上澜沧江》，青海人民出版社 2023 年版。
56. 赵瑜著:《黄河源纪事》，青海人民出版社 2023 年版。
57. 周存云著:《青海国宝——承载灿烂文明的古遗址》，青海人民出版社 2023 年版。
58. 徐剑著:《青藏铁路》，青海人民出版社 2023 年版。
59. 陈启文著:《可可西里》，青海人民出版社 2023 年版。
60. 梅卓等著:《山宗水源》，青海人民出版社 2024 年版。
61. 王菁珩著:《中国原子城纪事》，青海人民出版社 2024 年版。
62. 汤惠生著:《青藏考古笔记》，青海人民出版社 2024 年版。
63. 孙明光著:《寻找格萨尔王》，青海人民出版社 2024 年版。
64. 赛炳文著:《走出卡力岗：化隆拉面人的三十年创业史》，青海人民出版社 2024 年版。
65. 唐荣尧著:《青海之书》，青海人民出版社 2024 年版。
66. 寒竹、李海奕著:《誓言无声》，青海人民出版社 2025 年版。
67. 童庆军编著:《人工智能与绿色算力百问百答》，青海人民出版社 2025 年版。
68. 阿来著:《大河源》，青海人民出版社 2025 年版。

图书在版编目（CIP）数据

什么是青海：典藏版 / 中共青海省委宣传部，青海省文化和旅游厅，青海出版传媒集团主编 . -- 西宁 : 青海人民出版社，2025. 6. -- ISBN 978-7-225-06899-2

Ⅰ . K924.4-64

中国国家版本馆 CIP 数据核字第 20252YQ021 号

责任编辑　梁建强　马　婧　杨敬华
责任校对　田梅秀
责任印制　刘　倩　卡杰当周
装帧设计　杨敬华　赵继建
地图设计　刘　国　陈海莉　黄永生
地图编制　董风翎　杨　柳　杨臻康
　　　　　马　静　吴金玲
设计统筹　时代彩印
图片统筹　三江源时代影像

什么是青海（典藏版）

中共青海省委宣传部　青海省文化和旅游厅　青海出版传媒集团　主编

出 版 人　樊原成
出版发行　青海人民出版社有限责任公司
　　　　　西宁市五四西路 71 号　邮政编码：810023
　　　　　电话：（0971）6143426（总编室）
　　　　　发行热线：（0971）6143516 / 6137730
网　　址　http://www.qhrmcbs.com

印　　刷　深圳市国际彩印有限公司
经　　销　新华书店

开　　本　889 mm × 1194 mm 1/16
印　　张　31
字　　数　200 千
版　　次　2025 年 6 月第 1 版　2025 年 6 月第 1 次印刷
书　　号　ISBN 978-7-225-06899-2
审 图 号　青 S（2025）031 号
定　　价　368.00 元